LAS FRECUENCIAS DE LOS CHAKRAS

"Jonathan y Andi Goldman han escrito un libro inspirador sobre el uso de energía y vibraciones para producir cambios de conciencia y cómo esto puede aportarnos una mayor armonía y creatividad y enriquecer nuestras relaciones".

GAY Y KATHLYN HENDRICKS, COAUTORES DE *CONSCIOUS LOVING* [*AMOR CONSCIENTE*] Y *LASTING LOVE* [*AMOR DURADERO*]

"¡Impactante... y oportuno! *Las frecuencias de los chakras* nos lleva a una travesía hacia el centro de nuestra interconexión con todo lo que existe. Mediante una singular fusión de sabiduría y espiritualidad intemporales, Jonathan y Andi Goldman describen cómo el poder de sanación del sonido libera el misterio de nuestras relaciones más íntimas. Al hacerlo, abren la puerta a un nuevo estilo de percepción consciente y dominio espiritual. *Las frecuencias de los chakras* es un libro esencial en la biblioteca de cualquiera que se encuentre sobre 'el sendero' ".

GREGG BRADEN, AUTOR DE *EL CÓDIGO DE DIOS* Y *LA MATRIZ DIVINA*

Otros libros por Jonathan Goldman

Sonidos sanadores

Shifting Frequencies [Frecuencias cambiantes]

The Lost Chord [El acorde perdido]

Los siete secretos de los sonidos sanadores

The Divine Name [El nombre divino]

LAS
FRECUENCIAS
DE LOS
CHAKRAS

EL TANTRA DEL SONIDO

JONATHAN GOLDMAN
y ANDI GOLDMAN

Traducción por Ramon Soto

Inner Traditions en Español
Rochester, Vermont • Toronto, Canadá

Inner Traditions en Español
One Park Street
Rochester, Vermont 05767
www.InnerTraditions.com

Papel certificado por la SFI

Inner Traditions en Español es una división de Inner Traditions International

Título original por la edición 2011: *Chakra Freqencies: Tantra of Sound,* publicado por
Destiny Books, sección de Inner Traditions International

Publicado originalmente en 2005 por Hampton Roads Publishing Company, con el título
Tantra of Sound: Frequencies of Healing

ISBN 978-1-62055-539-2 (pbk.) — ISBN 978-1-62055-540-8 (e-book)

Impreso y encuadernado en Estados Unidos por Lake Book Manufacturing.
El papel utilizado para imprimir el texto está certificado por la Iniciativa de Silvicultura
Sostenible (SFI)®, un programa que promueve la gestión sostenible de los bosques.

10 9 8 7 6 5 4 3 2 1

Diseño del texto por Virginia Scott Bowman y diagramación por Priscilla Baker
Este libro ha sido compuesto con la tipografía Garamond Premier Pro y la presentación, con
las tipografías Perpetua y Gill Sans

Gracias a Roger Nelson y al Proyecto de la Conciencia Global (en la dirección de Internet
http:noosphere.princeton.edu), por la autorización para reimprimir el gráfico de la página
159.

CONTENIDO

PREFACIO A
LA SEGUNDA EDICIÓN

TENEMOS EL GRAN PRIVILEGIO de presentarle esta nueva edición de *Las frecuencias de los chakras: El tantra del sonido,* (publicado originalmente en inglés con el título *Tantra of Sound: Frequencies of Healing*), ganador del *Visionary Award for Best Alternative Health Book* (un premio al mejor libro de salud alternativa). Esta última edición viene aun más colmada de sabiduría compasiva e información para que la descubra en su travesía por la corriente del sonido.

Mientras más hemos utilizado *Las frecuencias de los chakras* como herramienta de enseñanza de transformación, más ha resistido la prueba del tiempo. La información, los ejercicios y otros materiales seguirán siendo tan oportunos como el primer día en que se escribieron: de hecho, quizás lo sean aun más porque el campo del sonido sigue creciendo a un ritmo impresionante, y este libro sigue siendo reconocido en ese contexto.

Desde la primera edición del libro, el mundo de la sanación con sonidos ha florecido de veras. Estamos agradecidos por esto, pues constituye un reconocimiento no solo de los poderes sanadores del sonido, sino de su extraordinaria capacidad de transformar y crear cambios positivos y duraderos. Más y más personas han llegado a comprender el increíble poder del sonido para crear cambios de frecuencia en tantos niveles distintos, entre ellos el nivel físico, emocional, mental y espiritual. Muchos se están abriendo a las posibilidades del sonido y eso es una gran bendición.

Vivimos en tiempos extraordinarios, de grandes cambios. Quizás ese sea uno de los principales motivos de que haya tanto interés en el campo de la sanación con sonidos. Esas técnicas pueden ayudarnos a sanar y también a traer armonía y equilibrio al planeta. El sonido crea cambios y nos permite ajustar nuestras frecuencias, de forma que podamos alinearnos con todos los inmensos cambios que están teniendo lugar. Mediante el sonido, podemos experimentar un salto cuántico en la evolución como especie y como planeta. Es vital y necesario (de hecho, es obligatorio) que aprendamos a adaptarnos a estos cambios mediante el ajuste de nuestro nivel de vibración para entrar en resonancia con todo lo que está sucediendo, tanto interiormente como a nuestro alrededor. Una de las formas más rápidas, fáciles y eficaces de hacerlo es mediante el sonido. Cuando aprenda a usar el sonido para modificar sus frecuencias, las posibilidades serán ilimitadas.

Como lo reconocen los maestros espirituales antiguos y los físicos cuánticos modernos, el universo es vibración. De ello se desprende que nuestra capacidad de ajustar las vibraciones mediante el cambio de las frecuencias significa que nada es imposible para nosotros. ¿Quiere traer sanación y armonía a su vida? ¿Crear una mayor resonancia y paz con quienes le rodean? ¿Contribuir a la evolución cuántica personal y planetaria? ¡Utilice el sonido!

Desde la primera edición del libro, hemos considerado innumerables cambios a su título porque el significado popular de la palabra *tantra* en nuestra cultura occidental suele asociarse con la energía sexual, lo que ha causado confusión a los lectores potenciales sobre el tema del libro. En realidad, el origen de esa palabra se remonta a siglos atrás y tiene que ver con los principios de la vibración y el sonido. Etimológicamente, *tantra* proviene de las palabras *tattva* (la ciencia los principios cósmicos) y *mantra* (la ciencia de la vibración). Ese significado antiguo y auténtico fue lo que tuvimos en cuenta cuando elegimos el título original, y nuestra intención fue dar a los lectores la oportunidad de tomar conciencia de esa vibración cósmica.

Si comprende nuestra premisa (que las interconexiones que existen entre todos los aspectos de la realidad se basan en el sonido y, al mismo tiempo, son creadas por él) llegará a apreciar verdaderamente la información, las técnicas y los materiales contenidos en el libro. El título de esta nueva edición fue seleccionado porque los siete chakras, situados verticalmente a lo largo del centro del cuerpo, son vórtices de vibración. Cuando concentramos en los chakras el trabajo con el sonido, somos capaces de cambiar nuestras frecuencias vibratorias y hacer posible la resonancia con los aspectos superiores del campo unificado de la conciencia. Al aprender a trabajar con las frecuencias de los chakras, podemos mejorar nuestra salud y bienestar, acelerar la toma de conciencia y contribuir a nuestro proceso evolutivo para representar en nosotros mismos la interconexión que hay con todo lo que existe. Hemos decidido mantener "el tantra del sonido" como subtítulo del libro, porque su verdadero significado (que podemos conectarnos con el cosmos a través del sonido) sigue siendo sumamente pertinente al tema del libro.

Le agradecemos que haya elegido *Las frecuencias de los chakras: El tantra del sonido* y confiamos en que, si ya ha llegado a este punto en su lectura, se habrá dado cuenta de la valiosa obra que tiene en sus manos. Tenemos la esperanza de que esta nueva edición atraiga a un público aun más amplio al mundo extraordinario y transformativo del sonido.

Si en este libro pudiéramos transmitir una sola verdad, sería lo expresado por las profundas palabras de nuestra querida amiga y mentora Sarah Benson, cuando dijo que el verdadero sonido de la sanación es el amor. Pero podemos asegurarle que dentro de estas páginas hay muchas más verdades como esa para que usted las saboree y entre en resonancia con ellas. Le damos la bienvenida a esta travesía hacia los poderes sagrados y sanadores del sonido.

Gracias por acompañarnos con su lectura. Queremos que sepa que, con una mayor conciencia del poder del sonido para producir sanación y transformación, podremos crear un presente mejor y un mañana más armonioso. Le invitamos a que siga leyendo y experimente las extraordinarias frecuencias de sanación que aquí le esperan.

¡Muchas bendiciones de amor y luz a través del sonido para cada lector en su travesía, no solo mediante este libro, sino a lo largo de sus vidas! ¡Reciba la resonancia de los sonidos sagrados!

JONATHAN Y ANDI GOLDMAN
BOULDER, COLORADO

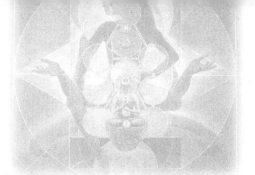

DEDICATORIA Y AGRADECIMIENTOS

LAS FRECUENCIAS DE LOS CHAKRAS: EL TANTRA DEL SONIDO ha sido una obra de amor. Como coautores, nos dedicamos este libro uno al otro. Ninguno de los dos podría haberlo escrito sin el otro. Sentimos gratitud por nuestro amor, compañía y extraordinario tesón en la labor conjunta de contribuir a la sanación personal y planetaria.

También dedicamos el libro a nuestras familias: a nuestro hijo Joshua, a nuestros padres Rose e Irving Goldman, y Andrew y Bettye Pullman; a nuestros hermanos y hermanas, Richard y Peter Goldman, Richard Pullman y Suzanne Strauss.

Además, quisiéramos reconocer y dedicar este libro a algunas de las personas cuyo trabajo, apoyo y esencia nos han permitido manifestarlo. Algunos de ellos ya han abandonado el planeta, pero su labor sigue resonando e influyendo en nosotros. Otros están aquí, y no tienen conocimiento de este libro, aunque su trabajo y su energía nos han inspirado y enseñado. Otros son colegas, amigos y seres queridos que nos han acompañado mientras se gestaba esta creación. Entre ellos figuran Jim Albani, Chris Allen, Kimba Arem, John Beaulieu, Sarah Benson y Donald Beaman, PJ Birosik y Paul Scott, Steve Brown, Gregg Braden, Don Campbell, Deepak Chopra, Roberta Collier-Morales, Tae Darnell, Frank DeMarco, Vickie Dodd y Eric Neurath, Dan Furst, John y Ali Galm, Kay Gardner, Jon Graham, Steven Halpern, Gay y Kathlyn Hendricks, Nan Kenney, Kitaro, Keiko, Lama Tashi, Laraaji,

Auri V. Ishi, Randall McClellan, Meredith McCord, María Magdalena, Kay Mora, David y Laurie Rugenstein, Zalman Schachter-Shalomi, Jill Schumacher, Ed y Deb Shapiro, Alec Sims y Patricia Youngson. Un agradecimiento especial a Laura Schlivek por su experta contribución editorial, compasión y sabiduría.

Asimismo, quisiéramos expresar nuestra gratitud de corazón por la orientación, la sabiduría y la compasión de todas las energías extraordinarias y seres divinos que trabajan con nosotros y a través de nosotros.

Por último, con gran amor, reconocemos y dedicamos este libro a usted, querido lector. Deseamos que su lectura le ayude a manifestar cambios y modificaciones beneficiosas en su propio ser y en todas las personas con quienes entre en contacto.

INTRODUCCIÓN

ESTAMOS SEGUROS DE QUE, a través de *Las frecuencias de los chakras*, emprenderá una emocionante travesía en la que utilizará el poder del sonido como herramienta para mejorar su vida. El libro le abrirá nuevas puertas de intimidad no solo con usted mismo, sino con su compañero o compañera, independientemente de si se trata de una pareja amorosa, un amigo, su cónyuge u otra persona. Aunque en nuestra cultura occidental el tantra se suele vincular con el sexo, el lector descubrirá que este libro constituye una exploración del sonido como vehículo para la autoconciencia, que le permitirá descubrir un nuevo y emocionante paradigma con el fin de elevar la conciencia y mejorar todos los aspectos de su vida.

Como pareja, y también en nuestro trabajo con miles de personas en nuestros seminarios, hemos utilizado y aplicado exitosamente los conocimientos y ejercicios que ahora le presentamos. Todo lo que se indica en *Las frecuencias de los chakras* es válido y funciona. La información y las técnicas aquí presentadas, sencillas pero eficaces, le pueden cambiar la vida. El sonido puede ser un maestro extraordinario que le mostrará cómo alcanzar estados de conciencia que normalmente no están al alcance de quienes no son iniciados en estos poderes. Mediante el sonido, es posible sanarse y recuperar la integridad, además de despertar la conciencia al tantra, la red de la existencia que sirve de interconexión a todo. Ese es el poder de *Las frecuencias de los chakras* y la razón de que lo hayamos escrito para ponerlo a su alcance.

El sonido puede sanar el cuerpo, la mente y el espíritu, y también las emociones. Mediante esta interrelación del sonido con el yo, podemos equilibrar y armonizar interiormente cualquiera de esos aspectos e influir así en todo nuestro ser. Por medio de esa resonancia con sonidos, podemos sanar nuestro yo interior y crear armonía en nuestras relaciones. Cuando al fin surge esa poderosa nueva conciencia del yo, comenzamos a experimentar la vida de forma distinta y estamos abiertos a las posibilidades inherentes a la experiencia humana.

Las frecuencias de los chakras se basa en más de cuarenta años de experiencia combinada de trabajo en los campos del sonido, la salud y la conciencia. Que nosotros sepamos, nunca nadie ha combinado la información y las técnicas que se encuentran en estas páginas en un marco como este. Nuestro enfoque singular y eficaz, consistente en usar el sonido para aumentar la autoconciencia y enriquecer las relaciones, es nuevo e innovador, además de ser extremadamente eficaz.

Uno de los objetivos principales del libro es poner al alcance de las personas o las parejas un vehículo que puedan utilizar para profundizar sus relaciones, aumentar su nivel de autoconciencia y crear más amor en sus vidas. Mediante los eficaces ejercicios y técnicas que se presentan en este libro aprenderá a armonizar y hacer vibrar su cuerpo, mente y espíritu mediante el sonido. Cuando se alcanza esa armonía, todo es posible, con inclusión de un mayor equilibrio y mejores vínculos físicos, emocionales, mentales y espirituales. Le cambiará la vida.

Las frecuencias de los chakras se divide en cuatro partes. La primera sección se concentra en los "Principios básicos" del tantra y del sonido. Damos respuesta a preguntas del tipo "¿qué es el tantra?" y "¿cómo puede ayudar el sonido en la experiencia tántrica?" El lector aprenderá que el tantra es la red que une a toda la realidad y que el sonido es la fuerza vibratoria fundamental, que tiene la capacidad de hacernos cambiar. Se enterará de cómo esa energía puede aplicarse individualmente o con parejas para mejorar el bienestar y la intimidad con uno mismo y con otros. Explorará aspectos de la vibración que incluyen la resonancia, la intención, la inducción, la visualización y muchos otros detalles fascinantes del sonido y la conciencia.

En la segunda parte del libro nos adentramos en las "prácticas básicas" de la utilización del sonido como vehículo para promover la autoconciencia mediante el restablecimiento del equilibrio entre los centros de energía que se conocen como chakras. En esa sección se incluye la importancia del uso de la respiración y la entonación para comenzar a utilizar la voz con el fin de crear sonidos propios. Aprenderá ejercicios en los que se utilizan sonidos y mantras con vocales sagradas para modificar y alinear su sistema nervioso y sus chakras. Comenzará a experimentar el poder de su propia resonancia a medida que explora los aspectos más íntimos de su ser mediante el poder del sonido. Sentará las bases que le permitirán tener la confianza necesaria para explorar las prácticas de sonidos tántricos con una pareja o compañero.

La tercera parte de *Las frecuencias de los chakras* se refiere al uso del sonido como herramienta para intercambiar energía con otra persona. Esa sección, denominada "Práctica con su pareja o un compañero", está concebida para que el lector pruebe a hacer ejercicios específicos de sonidos con otra persona a fin de profundizar su relación con ella. También deberá hacerse preguntas importantes acerca de su propósito al utilizar el sonido con su pareja o con un compañero. Después explorará técnicas profundas y eficaces que podrá utilizar con su pareja. Esas técnicas serán de gran ayuda y mejorarán todos los aspectos de la relación.

En la cuarta sección del libro, titulada "Otras aplicaciones", se examinan usos adicionales y áreas en las que se puede utilizar el sonido para enriquecer su vida. Presentamos nuevos sonidos y nuevas formas de usarlos con miras a potenciar su salud y felicidad. Por ejemplo, se explica cómo se puede utilizar la música para iniciar distintos estados de conciencia y potenciar sus experiencias vitales. Examinamos muchas otras formas en que el sonido puede contribuir a su bienestar.

También hemos incluido apéndices, con información sobre herramientas sónicas como los diapasones y los cuencos de cristal, grabaciones y libros recomendados, y otros comentarios sobre el sonido.

Conocerse de verdad a sí mismo es comenzar a entrever lo Divino.

Hemos olvidado nuestra conexión con la identidad y la esencia propias. Por esa razón, muchos creemos que la vida ha perdido significado. El sonido es uno de los medios principales para redescubrir ese conocimiento del yo. Podemos utilizarlo para reconectar, fortalecer y revitalizar nuestras vidas.

El sonido es un agente dinámico del cambio. El conocimiento del sonido puede enriquecer prácticamente cualquier actividad que se realice. Puede cambiarle la vida. *Las frecuencias de los chakras* contiene capítulos referentes a la forma de realizar ejercicios de sonido individualmente o con su pareja. Las posibilidades de utilizar el sonido para producir cambios son ilimitadas.

Imagínese que está deprimido, casi sin energía ni vigor. Al parecer, ya no siente pasión por la vida. Empieza a trabajar con el sonido y, de repente, al cabo de unos minutos, su depresión comienza a aliviarse y regresa su energía vital. O tal vez esté con su pareja y ya no sientan la conexión mutua o el menor romanticismo. De hecho, ambos están librando una de esas batallas emocionales clásicas que los tiene a punto de abandonar la relación. ¿Qué le parecería si los dos pudieran hacer juntos algunos ejercicios con sonidos y, al pasar unos minutos, regresar a un punto en el que volvieran a hablarse, y quizás incluso entrar en resonancia con el amor que se tienen? ¿Qué tal si descubriera que, al trabajar con el sonido durante un corto tiempo cada día, podría compensar o sanar muchos problemas distintos, con lo que podría tener una vida equilibrada y feliz?

Sabemos que eso y mucho más se puede lograr mediante la información presentada en este libro, que el hecho de aprender a entender y utilizar el sonido de forma íntima y sagrada lo puede llevar a todo tipo de conclusiones extraordinarias sobre sí mismo y sobre sus relaciones y su vida. El sonido ha sido un maestro excelente para nosotros, pues nos ha ayudado a mantener nuestra resonancia mutua de amor, y sabemos que usted también se beneficiará.

Las frecuencias de los chakras es resultado de un acto de amor, no solo entre dos personas, sino para con todo el planeta. Quisiéramos pensar que en esta obra se ha combinado lo mejor de nuestros talentos, aptitudes y dones. Y que, a fin de cuentas, el amor que somos capaces de compartir entre nosotros y con usted, el lector, es resultado directo del amor que somos capaces de recibir uno del otro.

Antes de comenzar esta extraordinaria travesía hacia el sonido y la autoconciencia, quisiéramos agradecerle de antemano por haberse sumado a nosotros y permitirnos compartir nuestra travesía con usted. Sabemos que le cambiará la vida.

PRIMERA PARTE

PRINCIPIOS BÁSICOS

1

¿QUÉ ES EL TANTRA DEL SONIDO?

TANTRA. LA PROPIA PALABRA TRAE a la mente emocionantes imágenes de habitaciones llenas de incienso y de cuerpos pulsantes que vibran con distintos grados de éxtasis orgásmico. Si hace una búsqueda en Internet con la palabra *tantra,* encontrará referencias en más de un millón y medio de sitios web, casi todos centrados en el sexo. El sexo es muy lucrativo y, para muchas personas, es sinónimo del tantra. Sin embargo, eso simplemente no es cierto.

Como es comprensible, hoy en día hay una gran confusión acerca del término *tantra.* Según la cultura, tradición, punto de vista, maestro y nivel de conciencia de que se trate, *tantra* tiene diferentes significados para distintas personas. En la investigación que realizamos para este libro, consultamos numerosas fuentes y nos sorprendió la variedad de significados que se aplican a ese término y a sus enseñanzas.

No es de sorprender que, en Occidente, el significado de *tantra* casi siempre se asocie con el sexo y el yoga sexual, debido a las enseñanzas de escuelas y maestros específicos de la tradición hindú. No obstante, en la tradición budista, sobre todo en el budismo tibetano, el tantra no tiene nada que ver con el sexo o, por lo menos, con el aspecto físico de las relaciones sexuales.

Como se indicó, al buscar ese término en Internet se comprueba que hay más de un millón y medio de sitios web que se refieren a distintos aspectos del tantra, pero la gran mayoría se concentra en el tema del sexo. Cuando hicimos nuestra propia búsqueda, aproximadamente entre el noventa y el noventa y cinco por ciento de los sitios visitados tenían que ver con algún aspecto de las relaciones sexuales, con toda suerte de anuncios, desde artículos eróticos hasta suplentes sexuales. Muchas veces en esos sitios se ofrecían técnicas para mejorar la capacidad sexual en las relaciones de pareja. Pero en otras ocasiones no eran tan sutiles.

Sin embargo, en nuestra investigación también descubrimos fuentes que parecían referirse a tradiciones puramente tántricas. En casi todas ellas se insistía en que el tantra tiene muy poco que ver con el sexo, al menos de la forma que actualmente se percibe en Occidente. De hecho, nos fijamos que en muchos casos se utilizaba el término *neotantra* cuando las autoridades en el tantra tradicional trataban el tema de esta nueva percepción occidental, que consideraban una corrupción del verdadero concepto. En tal caso, ¿qué es el tantra?

EL SIGNIFICADO DE TANTRA

Tantra proviene del sánscrito, el antiguo idioma de la tradición hindú. Al igual que en otros idiomas sagrados, como el hebreo o el tibetano, no suele haber una traducción única que se pueda aplicar a ese término. Por lo general, *tantra* se ha traducido como "continuidad" o "corriente ininterrumpida" e indica la transición de la conciencia de la ignorancia a la iluminación. También se puede traducir como "red" o "curvatura" y es un concepto que abarca todo lo que existe. El tantra representa las energías interconectadas entre todos los seres y objetos en este y otros planos de la existencia. También se le ha descrito con otros términos como: principio rector, parte esencial, modelo, sistema, marco, doctrina, regla, teoría, trabajo científico, orden, parte principal, autoridad, ciencia, trabajos místicos, fórmulas mágicas, medio, recurso, estratagema y medicina.

Su etimología indica la combinación de dos palabras, *tattva* y *mantra*. Tattva es la ciencia de los principios cósmicos y mantra se refiere a la ciencia del sonido y las vibraciones místicas. En la tradición tibetana, el tantra a veces se denomina "mantra secreto". Esto tal vez sea para distinguirlo de los conceptos del neotantra. Desde el punto de vista del budismo tibetano, la definición de "mantra secreto" sería la siguiente:

"secreto" indica que se trata de métodos que se deberían practicar en privado y "mantra" significa "protección para la mente", con cuyo fin se suelen utilizar sonidos sagrados. En consecuencia, la función del mantra secreto consiste en permitirnos avanzar con rapidez, mediante el uso del sonido, por las etapas del sendero espiritual gracias a la protección de la mente frente a conceptos ordinarios.

Uno de los niveles más elevados de la práctica tántrica implica la resonancia y armonización propia con el sonido. Ello tiene la finalidad de potenciar y energizar nuestra esencia física, mental, emocional y espiritual. En el tantra de los hindúes y del budismo tibetano se hace hincapié en el poder del sonido, que constituye la base de gran parte del tantra. Mediante el trabajo con técnicas avanzadas de sonido, los practicantes del tantra pueden armonizarse en cuerpo, mente y espíritu.

A través de nuestra labor de exploración de diversas prácticas de sonido de las tradiciones orientales fue que entramos en contacto con el concepto del tantra del sonido. A lo largo de años de utilización del sonido, hemos descubierto métodos fáciles para lograr el efecto armonizador descrito por los místicos orientales. El lector podrá alcanzar de manera segura y eficiente esa armonía y equilibrio deseados entre el cuerpo, la mente y el espíritu, mediante las técnicas y ejercicios que aquí se describen.

Como veremos a lo largo del libro, nuestro objetivo principal es ayudar al lector a alcanzar estados de conciencia más profundos, primero consigo mismo y luego, si corresponde, con una pareja o compañero. La humanidad se encuentra actualmente en una encrucijada en su desarrollo evolutivo. Uno de los caminos conduce a un prodigioso nuevo mundo de esperanzas y posibilidades llenas de amor y compasión, afecto y bondad. El otro camino va en la dirección opuesta. El primero nos ofrece la posibilidad de convertirnos en los seres humanos auténticos y extraordinarios que tantos místicos y maestros espirituales de todos los tiempos han dicho que podemos llegar a ser. Para lograrlo, debemos alcanzar la armonía y el equilibrio interior, y con otros seres humanos. Tenemos que estar dispuestos a mirar por la ventana de nuestra alma, reconocer quiénes somos y lo que somos y entonces aceptar que amaremos y respetaremos a ese ser.

En esa encrucijada, un momento en que las distintas tradiciones espirituales desde los mayas hasta los cristianos han vaticinado grandes cambios, consideramos que tienen que surgir distintos modelos o arquetipos. El paradigma actual que hemos enfrentado en nuestra psiquis y que se ha manifestado en el plano físico durante miles de años ha acarreado guerras y sufrimientos. Entendemos que es posible elegir un modelo distinto basado en la armonía, el equilibrio, la cooperación y la compasión. Este modelo existe en los distintos mitos, leyendas y textos espirituales del planeta y representa simultáneamente fuerza y bondad. No hay que ser débil para ser bondadoso. Con nuestra mentalidad actual solemos confundir e igualar esos dos conceptos.

El modelo que presentamos en *Las frecuencias de los chakras* es equilibrado y está alineado con la integración armoniosa de las energías masculina y femenina de cada persona. Cuando esas energías se manifiestan debidamente, crean una relación igualitaria con el yo y con el prójimo. No es una relación controladora ni competitiva entre los involucrados, sino cooperativa y compasiva, equilibrada y armoniosa.

Las relaciones equilibradas se han manifestado a través de muchos de los seres divinos de distintas culturas que generan bondad amorosa, desde Shiva y Shakti en la tradición hindú hasta Avalokitesvara y Tara en la tradición del budismo tibetano, y Jesucristo y María Magdalena en la tradición cristiana. Esas energías masculinas y femeninas se pueden entender como la relación entre entidades divinas y sus consortes, o como un sacerdote y una suma sacerdotisa que trabajan juntos en la amorosa unidad sagrada de lo Divino. Son energías que se encuentran dentro de nosotros individualmente y se crean a través de la relación de pareja. No estamos hablando de separación de géneros, sino de las energías equilibradas de los aspectos interiorizados de lo masculino y lo femenino.

La unión de las energías masculina y femenina se encuentra en el tantra, que utiliza la unidad simbólica interior de los aspectos masculino y femenino como una forma de meditación que contribuye al logro de la iluminación. El practicante del tantra se concentra en expandir todos los niveles de conciencia para desvelar y experimentar la realidad suprema de Dios. Esto se logra mediante la unión simbólica de las dos energías opuestas de lo masculino y lo femenino (en el hinduismo, se conoce como la energía de Shiva y Shakti). Mediante el tantra, es posible superar "la maya" o ilusión de separación, que se manifiesta en niveles de conciencia inferiores de donde surge la polaridad entre lo masculino y lo femenino. La realidad verdadera equivale a lo Absoluto, que no es dualista. Abarca la unificación de los aspectos masculino y femenino dentro de nosotros mismos para que podamos trascender y alcanzar la unicidad de lo Divino.

Creemos que ese paradigma de energía masculina/femenina armoniosa y equilibrada es necesario para que podamos seguir avanzando por el sendero evolutivo. Hemos alcanzado un punto en nuestro desarrollo en que el uso de la tecnología tiene que atemperarse con la sabiduría de la bondad amorosa. Le ofrecemos este libro, *Las frecuencias de los chakras,* para ayudarlo en la integración de este importante paradigma de relaciones en beneficio de la aceleración personal y planetaria.

LA RED DE LA VIDA

Desde nuestra perspectiva, el tantra es la red que sirve de interconexión y unión a toda la realidad. La ciencia moderna está comenzando a reconocer esa interconexión, es decir, que todos somos parte de una inmensa matriz de conciencia. La física cuántica afirma que el observador y lo observado forman un conjunto inseparable. Todo está interrelacionado. Un objeto o experiencia no está separado de otro. Mediante experimentos se ha demostrado la no localidad, o sea, que sucesos simultáneos distantes geográficamente entre sí pueden influirse mutuamente. Por eso se dice que el batir de las alas de una mariposa en Kansas puede llegar a influir en los patrones climáticos de Europa.

Hace casi cien años, el renombrado psicólogo Carl Jung acuñó el término *sincronía* para describir cómo podrían estar vinculados dos sucesos que no parezcan tener relación uno con otro. Jung observó que hay algo detrás de los acontecimientos aparentemente "accidentales" de la vida, que no se dan por pura coincidencia. Desarrolló el concepto del inconsciente colectivo, o sea, un campo de pensamiento unificado.

Todos estamos interrelacionados y no estamos tan solos ni aislados como creemos. El estudio del tantra incorpora esta comprensión de la relación entre todas las cosas. El tantra no solo nos dice que existe esa conexión, sino que todos los objetos y fenómenos son parte del Ser Único, la Divinidad, la mente universal suprema o la Fuerza de Dios.

Muchos nos sentimos aislados y desconectados en nuestras vidas. Nos sentimos separados del prójimo, de nosotros mismos y de lo Divino. Esa es una experiencia común. Nuestra conciencia de la dualidad (que los objetos y fenómenos están desconectados entre sí) crea ese sentido de separación que experimentamos. La comprensión del tantra lleva a la realización del Ser Único, con lo que se llega a trascender la dualidad y se crea una conciencia de la unidad en la que se reconoce la divinidad de todos.

UTILIZACIÓN DEL SONIDO PARA UNIR

Como pronto descubrirá, el sonido es un vehículo extraordinario para unirnos y ayudarnos en la disolución de nuestro sentido de separación y contribuir a la unificación a través de la resonancia vibratoria. Mediante el sonido, podemos unificarnos y llegar a experimentar una realidad no dualista que nos permite entrar en resonancia con la unicidad de lo Divino.

Hemos descubierto que, al concentrarnos en el sonido, creamos un medio rápido y eficaz para que las personas occidentales puedan trabajar con los niveles más elevados del tantra, creando esa relación más profunda con uno mismo y, si corresponde, con otros. Como mencionamos en la introducción, la utilización del sonido de esta manera nos permite alcanzar una comprensión eficaz y profunda de nosotros mismos y de otras personas. Esa poderosa intimidad, creada mediante el poder del sonido y activada con el poder del amor, solo puede mejorar nuestras vidas, al ayudarnos con nuestra salud y bienestar y llevarnos a la postre a una resonancia de armonía y equilibrio con la red de la vida. Ese es el tantra del sonido.

No es necesario tener pareja para experimentar el tantra. En el budismo tibetano, el tantra normalmente se practica a solas, uniendo internamente las fuerzas de la divinidad. Según la tradición, en las meditaciones del practicante del tantra se incorporan las visualizaciones de deidades masculinas y femeninas. El tantra se entiende como un sendero que posibilita la transmutación de las energías desequilibradas, con lo que uno podría superar el sufrimiento y llegar al nirvana, a los reinos celestiales. Es un sendero de iluminación que utiliza la energía de la compasión mediante el sonido.

Gran parte de esa interpretación también es válida en el tantra de la tradición hindú. Se considera que el universo es la interacción cósmica de la energía masculina/femenina. Todo el proceso de creación, preservación y destrucción es manifestación de esa energía, la danza de Shiva y Shakti. Se cree que la existencia del mundo representa un nacimiento continuo del principio femenino creado a partir de una infusión infinita del principio masculino en la unión sexual. El universo (la red), se ve como el acto de la creación constante expresada en patrones de actividad sexual simbólica, junto con un sentido de amor trascendental.

La tradición hindú es la que nos ha llevado a creer que el tantra es sinónimo del sexo como actividad física. Sin embargo, muchos de los verdaderos practicantes hindúes del tantra son célibes y, del mismo modo que sus equivalentes del budismo tibetano, se concentran en la *unión simbólica* de la energía masculina/femenina. Esa unión de la energía masculina/femenina (la corriente de Shiva y Shakti) es metafórica, ceremonial y meditativa. En realidad, una sola variación específica del tantra hindú es la que tiene que ver con el sexo físico en la pareja. Es la vertiente "de la mano izquierda" del tantra, conocida como *vamachara,* y es en lo que se ha concentrado gran parte del conocimiento occidental sobre el tantra.

A pesar de sus enfoques distintos, el tantra del budismo tibetano y el del hinduismo son prácticas extremadamente avanzadas que requieren mucho trabajo, estudio y experiencia técnica antes de que se puedan obtener los verdaderos beneficios de la iluminación. Debido a esto, las prácticas tradicionales del tantra no se concibieron para diletantes en las artes esotéricas. La mayoría de los occidentales no tienen el tiempo ni la inclinación necesarios para la inmensa dedicación que requiere la práctica tántrica tradicional. Además, estas prácticas podrían no estar en armonía con los actuales sistemas de creencias religiosas o espirituales de muchas personas. Por esas y otras razones es que hemos creado este libro.

Nuestras técnicas y nuestra comprensión de estos procesos, que permiten alcanzar esa armonización, se basan hasta cierto punto en las enseñanzas tradicionales del tantra de los hindúes y del budismo tibetano, incluido el conocimiento de los mantras, la visualización y los chakras. También se basan en otras tradiciones espirituales y místicas que ven los principios del sonido como una energía sanadora y transformativa.

En nuestras enseñanzas y técnicas también se incorporan metodologías y modalidades modernas que hacen posible una resonancia sónica fácil y eficaz. Esas enseñanzas crean una sinergia entre sí y se sintetizan para obtener resultados rápidos y eficaces. Además, no requieren basarse muy estrictamente en el sistema de creencias inherente al hinduismo y al budismo tibetano. Pueden aplicarse con facilidad a nuestra conciencia occidental. Si bien las enseñanzas pueden funcionar definitivamente dentro de perspectivas de conciencia basadas en el sistema de creencias hindú o budista, se pueden aplicar a cualquiera, independientemente de su creencia religiosa o comprensión espiritual. El tantra del sonido es universal.

El sonido es la esencia del tantra. Como ya hemos indicado, este se deriva en parte de la palabra *mantra,* que a su vez se refiere a la ciencia del sonido y la vibración místicos. De ahí que la frase *tantra del sonido* se refiera a la utilización de ese fenómeno físico como un medio para experimentar la red del universo. En particular, nos concentraremos en la utilización de sonidos de creación propia para lograr esto.

Para quienes no estén acostumbrados a cantar o a usar su voz como instrumento de sonido, les aseguramos que no es necesario poseer ningún tipo de aptitud ni don musical para poder experimentar los beneficios de este libro. Todo el mundo, aunque no tenga ningún talento o preparación musical anteriores, puede hacer los ejercicios que ofrecemos. Descubrirá que todos tenemos la capacidad extraordinaria de utilizar el sonido creado por nosotros mismos como herramienta de transformación. Una de nuestras finalidades con este libro es ayudarlo con el uso de su propia voz para crear cambios formidables dentro de usted mismo y con otras personas.

No prometemos que el contenido de este libro le garantizará la iluminación instantánea. Sin embargo, sí insistimos en que estos materiales ofrecen información, conocimiento, ejercicios y técnicas que, si se aplican adecuadamente, pueden conducir a una vida más feliz, sana y equilibrada. *Las frecuencias de los chakras* le abrirá las puertas a una conexión más profunda consigo mismo, y de ello surgirá un poderoso conocimiento íntimo de la unidad con el todo. Aprenderá a modificar sus propios niveles vibratorios para poder ajustarse a los múltiples cambios personales y planetarios que están ocurriendo.

Acompáñenos en nuestro próximo capítulo sobre la energía del sonido. Allí comenzará a aprender más sobre el poder y la maravilla del sonido, y a experimentar la profundidad de la transformación y el cambio.

2

EN EL COMIENZO

El poder del sonido

EL SONIDO ES EL ASPECTO UNIFICADOR del tantra, la red que conecta a toda la existencia. El sonido es la fuente de todos los seres; la vibración es la base de toda la realidad. Si examina los principios básicos de las distintas religiones y senderos místicos que hay en este planeta, verá que todos contemplan el sonido como la fuerza creativa principal del universo. Ese conocimiento y esa comprensión parecen prevalecer en la mayoría de las enseñanzas y centros espirituales antiguos en distintas partes del mundo, como Roma, Atenas, Egipto, el Tíbet y muchas otras escuelas del misterio. Por ejemplo, para el budista tibetano, no es solo que el mundo se haya creado a través del sonido, sino que se vuelve a crear constantemente en cada instante de cada día, a través de la combinación de pensamientos y sonidos. Con esa comprensión nos llega el conocimiento sobre el poder del sonido para sanar y transformar.

En el Nuevo Testamento está escrito: "En el principio era el Verbo, el Verbo estaba con Dios y el Verbo era Dios". Los Vedas, es decir, los libros sagrados hindúes, afirman: "En el principio era Brahman, con quien estaba el Verbo, y el Verbo era Brahman". Desde el Génesis en el Antiguo Testamento se nos dice que el sonido es el primer acto creativo de Dios, antes de la luz, y que lo que crea la energía de Luz es el acto del habla. "Entonces Dios dijo: 'Que haya luz'; y hubo luz".

Las leyendas de los indios hopi cuentan la historia de la Mujer Araña, que entonó el canto de la creación sobre todas las formas inanimadas en el planeta y las trajo a la vida. Según el Popol Vuh, el libro sagrado de los mayas, el primer hombre y la primera mujer fueron creados exclusivamente mediante el poder del sonido. En el antiguo Egipto, el dios Tot pensaba en un objeto, decía su nombre y lo traía a la existencia. En la escuela mística hebrea de la cábala, el objeto es idéntico a su nombre verdadero. En el Oriente, los dioses y diosas hacer sonar caracolas o golpean enormes gongs, y con eso reproducen la creación del universo. En todos los países y culturas del planeta se encuentran relatos, leyendas y mitos sobre el sonido como fuerza creativa básica.

PITÁGORAS Y EL SONIDO

Muchos saben que Pitágoras, el matemático griego del siglo VI a.C., es considerado el padre de la geometría. Sin embargo, casi nadie sabe que en la escuela de Pitágoras no solo se enseñaba el misterio de los números, sino cómo utilizar el sonido para influir en la mente, el cuerpo y el espíritu, con efectos de sanación. En el primer nivel, los iniciados aprendían los secretos de las proporciones acústicas. Pitágoras creía que la "armonía de las esferas", es decir, los sonidos producidos por los cuerpos celestes a su paso por el espacio, se podía reproducir y se reflejaba en los sonidos de los instrumentos de cuerdas. En el segundo nivel, los estudiantes aprendían otros secretos de las matemáticas y los números y se sometían a una fase de purificación para recibir esa información. En el tercer nivel, los iniciados recibían el conocimiento directo de las energías de trasmutación y sanación del sonido y la música.

A lo largo de la historia, ha habido grandes filósofos y científicos que han reconocido el poder del sonido para sanar y transformar. La música no se consideraba una expresión artística, sino una forma respetada de utilizar la energía y el poder, que se debía estudiar como ciencia sagrada. Los principios de la vibración, que son la esencia de esas antiguas creencias, siguen teniendo hoy la misma pertinencia y validez que hace miles de años. Desafortunadamente, en la actualidad se ha olvidado gran parte de ese conocimiento antiguo.

Por suerte, estamos al borde de un resurgimiento de la comprensión del sonido como vehículo de autotransformación y sanación. En abril de 2003, Jonathan hizo una exposición en la conferencia de "Ciencia y Conciencia", donde también expuso el Dr. Michio Kaku, uno de los físicos más importantes del mundo, cuya charla versaba sobre la teoría del campo unificado. El Dr. Kaku comenzó por explicar que Einstein y otros grandes científicos no estaban completamente en lo correcto. Ellos se limitaban a la ecuación $E=mc^2$, pero eso no era todo. "¡Todo es música!", declaró. Esto lo decía un hombre cuya aclamada interpretación de la teoría de las supercuerdas postula que hay muchas dimensiones paralelas que están interrelacionadas por medio de vibraciones armónicas. La afirmación del Dr. Kaku de que "¡Todo es música!" sirvió de eco a lo que Jonathan había declarado en su exposición. Como nos han dicho los hindúes de la antigüedad, el mundo del *Nada Brahma* es sonido.

EL SONIDO COMO ONDA

El sonido se propaga en forma de onda, subiendo y bajando como una ola en el océano. Las ondas sonoras se miden en ciclos por segundo (unidad denominada hercio, de abreviatura Hz). Esa medida es lo que se conoce como la frecuencia del sonido. Las ondas lentas producen sonidos graves. Las rápidas crean sonidos agudos. La nota más baja del piano produce un sonido grave intenso y tiene una frecuencia de 27,5 Hz. La nota más alta del piano produce un sonido agudo y tiene una frecuencia de 4.186 Hz. Nuestro espectro auditivo va desde los 16 Hz hasta alrededor de los 16.000 Hz. Las personas más jóvenes, cuya audición no se ha deteriorado debido a daños del oído o a la edad, son capaces de oír frecuencias de hasta 18.000 Hz o más.

 *Fig. 2.1. El sonido es una onda.*

El simple hecho de que no seamos capaces de escuchar un sonido no significa que no exista. Los delfines pueden proyectar y recibir frecuencias superiores a los 180.000 ciclos por segundo, con lo que superan en más de diez veces nuestro límite auditivo. Sobre esa base, quisiéramos que piense que de la frase "En el principio" se deriva la idea de que absolutamente todo es sonido. Desde los electrones que se mueven en torno al núcleo de un átomo hasta los planetas de galaxias distantes que giran alrededor de las estrellas, todo está en movimiento. Cuando un objeto está en movimiento, debe producir (por lo menos conceptualmente), una vibración que se podría percibir como sonido, aunque no sea audible.

LA RESONANCIA

Todo lo que vibra tiene su propia frecuencia de resonancia, es decir, la vibración que le resulta más natural y armoniosa. Todos hemos visto ejemplos de resonancia. Cuando una soprano rompe una copa de cristal al emitir un sonido, es porque ha logrado igualar la resonancia del cristal.

Un experimento que se utiliza a menudo para demostrar la resonancia en las clases de ciencia consiste en golpear un diapasón y ver cómo el sonido se transfiere a otro diapasón de la misma frecuencia y lo hace vibrar. Con ese fin, estos dispositivos se pueden montar sobre cajas de madera para ayudarnos a escuchar el sonido. Si uno presta atención, podrá oír cómo el diapasón que no recibió el golpe comienza a producir un sonido como resultado de su resonancia con el que sí recibió el golpe.

En el universo todo vibra y todo tiene su propia frecuencia de resonancia. Esto sucede por igual con la silla donde está sentado, las páginas de este libro y, por supuesto, su propio cuerpo. Cada órgano, hueso y tejido, y cada parte de su cuerpo, se encuentra en estado de vibración y posee su propia resonancia. Cada parte de su cuerpo produce un sonido que contribuye a crear una armonía general de salud. El organismo humano es como una maravillosa orquesta en la que cada sección toca las notas adecuadas de una pieza que se podría llamar "La *suite* del yo". Esto es equiparable al buen estado de salud.

Sin embargo, ¿qué sucede cuando el segundo violinista pierde su partitura? Comienza a tocar en una clave incorrecta, desafinado y sin ritmo ni armonía con el resto de la orquesta. Esto es equiparable al mal estado de salud.

El principio básico de la sanación mediante el sonido y de cualquier medicina basada en las vibraciones es el siguiente: restablecer la

Fig. 2.2. Las ondas de
un diapasón producen
resonancia en el otro

ondas sonoras

resonancia vibratoria correcta a la parte del cuerpo que vibra en estado inarmónico. Si seguimos con la misma metáfora, es como devolver al segundo violinista la partitura correcta para que pueda volver a tocar afinado con la orquesta, es decir, el organismo humano.

Ese principio básico de la sanación con el sonido se puede aplicar de numerosas formas a situaciones de nuestras vidas, por ejemplo, cuando una parte del cuerpo vibra en estado inarmónico y manifiesta una enfermedad, o una parte de nuestra psiquis está fuera de sintonía con nosotros mismos o con otras personas y manifiesta relaciones disfuncionales. Si podemos usar el sonido para devolver la partitura correcta al violinista, lo podemos utilizar también para sanar todos los aspectos de la existencia.

Con las técnicas de sanación mediante el sonido es posible examinar muchos aspectos de nuestra existencia y llegar a nuevas conclusiones sobre nuestra forma de vivir. En manos de cada uno está mejorar su vida. Las leyes elementales de la física, como la de la resonancia, que dictan cómo operan las ondas sonoras, también pueden ser un reflejo de aspectos de nuestras vidas. Los místicos de la antigüedad que crearon la filosofía hermética codificaron esos principios del sonido y la vibración con este tipo de afirmaciones: "Como es arriba, es abajo", pues se daban cuenta de que las vibraciones de una simple cuerda reflejaban muchos principios universales.

El fenómeno sonoro basado en las formas de onda que se observa en todas las manifestaciones de la vida pone de relieve que, al igual que el sonido, todo es cíclico y tiene pulsaciones. Nuestras estaciones y días, incluso nuestro aliento, demuestran la periodicidad de la naturaleza cíclica de las ondas. La próxima vez que se vea en un gran embotellamiento, tenga en cuenta que está en la cresta de una forma de onda del tráfico automotor. Cuando le parece que no hay nadie más en la carretera, se encuentra en el extremo opuesto de esa curva. Las ondas suben y bajan, como en el mar.

Tener conciencia de los fenómenos de la vida basados en las formas de onda puede ser útil, sobre todo si uno está pasando por un episodio calamitoso de la vida. Si sabemos que la situación que enfrentamos es parte de una onda, que no es permanente, sino temporal, ese conocimiento nos puede ayudar en momentos estresantes.

LA CIMÁTICA

El término "cimática" se refiere a los fenómenos basados en las formas de onda. Su raíz proviene del vocablo griego *kyma,* que significa "ondas", y se utilizó para describir los experimentos de Hans Jenny, un médico suizo del siglo XX. El Dr. Jenny colocó muchos materiales distintos (pastas, plásticos, líquidos) sobre una placa de acero y luego hizo vibrar la placa con sonido. Descubrió que aquellas masas de plástico o montones de pastas sin vida asumían formas armoniosas y vívidas cuando se les hacía vibrar con el sonido. Entre los cientos de fotografías que tomó el Dr. Jenny hay imágenes que parecen órganos humanos y formas de vida microscópicas. En realidad, se trataba de materiales inorgánicos que carecían de vida momentos antes de ser expuestos al sonido.

Las fotografías de sus experimentos son impresionantes por su belleza y por la exquisita verdad que revelan: que el sonido crea la forma. Aunque esas formas no estén "vivas", definitivamente parecen estarlo, pues evocan la división celular o formas de vida submarinas. Estos experimentos de cimática recuerdan claramente el concepto de "En el principio" del que ya hemos hablado, es decir, del sonido como la fuerza creativa fundamental.

En la figura 2.3 se muestra una las fotografías de cimática del Dr.

Fig. 2.3. Imagen cimática de una sustancia pulverizada que experimenta vibraciones y cambia de forma mediante el sonido. Imagen procedente del libro Cymatics: A Study of Wave Phenomenon and Vibration *[La cimática: Estudio de los fenómenos ondulatorios y la vibración] (volúmenes combinados I y II), por el Dr. Hans Jenny. © 2001 MACROmedia Publishing. Utilizada con autorización.*

Jenny. Antes que el sonido pusiera la placa en resonancia, el polvo fue dispersado al azar. Cuando el sonido comenzó a hacer vibrar la placa, el polvo se organizó con las configuraciones más extraordinarias.

LA INDUCCIÓN

Otro aspecto sumamente importante del sonido se denomina inducción. El científico holandés Christian Huygens descubrió este fenómeno en el siglo XVII. Tenía un salón lleno de distintos tipos de relojes de pie con péndulo. Un día los echó todos a andar en distintos momentos y salió de la habitación. Cuando volvió al día siguiente, encontró que todos los relojes estaban sincronizados entre sí (condicionados mediante la inducción), siguiendo los movimientos del reloj de péndulo más grande.

Al igual que los péndulos de los relojes cambiaban su ritmo para sincronizarse con el reloj mayor, nosotros también nos vemos afectados constantemente y cambiamos nuestros ritmos debido a las vibraciones que encontramos. Nuestros cuerpos tienen muchos ritmos. Son ejemplos de ello el ritmo cardíaco, el pulso y el ritmo respiratorio. De hecho, el cerebro tiene pulsaciones y ritmos que se miden en ciclos por segundo, igual que las frecuencias de sonido.

LAS ONDAS CEREBRALES

Las ondas cerebrales pulsan y oscilan en frecuencias particulares que se pueden medir, como las ondas sonoras, en ciclos por segundo o hercios (Hz). Según la frecuencia predominante en el cerebro, existen cuatro delineaciones básicas de distintos estados de las ondas cerebrales.

- Las ondas beta, de 14 a 20 Hz, se encuentran en nuestro estado de vigilia normal. Están presentes cuando concentramos la atención en actividades del mundo exterior.
- Las ondas alfa, de 8 a 13 Hz, ocurren en las ensoñaciones y suelen asociarse con el estado de meditación. Se hacen más intensas y regulares cuando tenemos los ojos cerrados.
- Las ondas zeta, de 4 a 7 Hz, se encuentran en estados de elevada

creatividad y se han equiparado con los estados de conciencia que se alcanzan en gran parte de los trabajos chamánicos. Las ondas zeta también se producen en estados de meditación y sueño profundos.

- Las ondas delta, de 0,5 a 3 Hz, se producen en estados de sueño profundo o de inconsciencia. En algunos estudios más recientes sobre la materia se indica que un estado de profunda meditación produce ondas delta en individuos conscientes.

En nuestro organismo no solo existen ritmos observables y verificables, sino que pueden recibir la influencia del sonido. El hecho de que las ondas cerebrales y el sistema nervioso puedan ser influenciados por el sonido será de una enorme importancia a medida que comencemos a comprender y explorar la conexión entre el sonido, el tantra y nuestra relación con nosotros mismos y con el prójimo.

Jonathan llamó "inducción sónica" al fenómeno según el cual el sonido puede crear inducción. Su revolucionario documento de investigación sobre el tema fue presentado por primera vez en 1989, en la Sociedad Internacional para el Uso de la Música con fines Medicinales. En la actualidad, el término "inducción sónica" se utiliza frecuentemente en la psicoacústica, o sea, el estudio de la forma en que el sonido influye en el sistema nervioso. Más adelante abordaremos el tema de la inducción sónica. Por ahora, concentrémonos simplemente en que el sonido puede modificar el sistema nervioso y las ondas cerebrales. Esto presenta implicaciones sorprendentes.

EL SONIDO COMO ENERGÍA

Vivimos en un mundo saturado de sonido. Desde los equipos estéreo hasta los ruidos callejeros, las conversaciones telefónicas y el zumbido de los refrigeradores, el sonido nos rodea por todas partes e influye en nosotros. Solemos pensar que es simplemente algo que entra por los oídos y, de cierta forma, se transforma en una señal que llega hasta el cerebro, de modo que podemos oír. Así es, pues las ondas sonoras se propagan por nuestras vías auditivas y producen señales que, a la postre, llegan a la parte del cerebro que las procesa. Está claro que captamos el sonido mediante el oído. Lo que poca gente sabe es que la experiencia auditiva no solo nos permite escuchar, sino que afecta a casi todos los nervios craneales, en particular, al décimo par craneal. Este nervio influye en la laringe, los bronquios, el corazón y el tubo digestivo. En consecuencia, los sonidos afectan la voz, la respiración, el ritmo cardíaco y la digestión.

Además, pocos se dan cuenta de que el sonido es una energía que no solo se relaciona con los oídos y la capacidad auditiva. "Los rayos ultrasónicos pueden crear moléculas, romperlas o reorganizarlas y provocar la levitación de objetos". Lea de nuevo la última oración: fue tomada de la sección de ciencias del número del 8 de febrero de 1988 del prestigioso diario *New York Times*. El sonido tiene la capacidad de reorganizar la estructura molecular.

Nos referimos a una energía enormemente vigorosa y profunda que tiene efectos extraordinarios. Imagínese la capacidad de reestructurar moléculas y tenga en cuenta sus posibles implicaciones para mejorar nuestras vidas personales si pudiéramos reducir el estrés, promover la calma y potenciar la conciencia mediante la utilización del sonido con concentración. Empiece a imaginarse lo que significaría que aprendiéramos a utilizar el sonido para reorganizar la estructura molecular.

La capacidad del sonido de influir en nosotros y afectarnos es de importancia primordial a medida que avancemos en nuestra travesía. Para poder entender más sobre cómo funciona el sonido, examinemos en el próximo capítulo la naturaleza vibratoria del organismo humano.

3

EL CUERPO VIBRATORIO

A LA PREGUNTA DE DÓNDE TERMINA el cuerpo, es probable que muchos respondan que termina en la piel. No hay duda de que, hace diez o veinte años, esa hubiera sido la respuesta típica. Pero hoy en día, con el conocimiento de los sistemas antiguos de sanación y meditación, muchos comprenden que el cuerpo físico es solo uno de los numerosos sistemas de energía que existen y que se interrelacionan entre sí. Hay otros campos vibrantes, que suelen denominarse cuerpos sutiles y cubren el cuerpo físico en capas. Esos cuerpos sutiles tienen campos de energía que vibran con distintas frecuencias. Nuestras prácticas con el sonido nos permitirán hacer que esas energías entren en resonancia y se modifiquen. Esto es clave en el trabajo con el tantra del sonido.

El conocimiento de los cuerpos sutiles se manifestó por primera vez hace miles de años en las antiguas escuelas del misterio de la India, Egipto, China y el Tíbet. La idea de que el organismo humano está compuesto por campos de energía distintos pero interrelacionados constituyó uno de los conceptos esenciales de las tradiciones esotéricas existentes en distintas partes del mundo. Esos cuerpos de energía componen lo que conocemos como el aura, que significa "atmósfera" o "luz". El aura se suele definir como un campo de energía multidimensional compuesto por las emanaciones de cada uno de los cuerpos sutiles.

Distintas tradiciones esotéricas tienen denominaciones especiales para los cuerpos energéticos sutiles y para sus atributos y descripciones particulares. Si bien hay diferencias en cuanto a los detalles específicos de cada cuerpo sutil, casi todos coinciden en que son más densos y sólidos a medida que se acercan al cuerpo físico. A continuación presentamos las descripciones más comunes de los cuerpos sutiles:

1. **Cuerpo físico:** Como se indicó, termina en la piel.

2. **Cuerpo etérico:** Esta capa se extiende varios centímetros más allá del cuerpo físico y, al parecer, sirve como matriz de este. Probablemente sea el campo de energía que utilizan muchos sanadores. Se cree que allí es donde se acumula la fuerza vital universal (que en distintas tradiciones se describe con términos como *chi, ki, prana, orgón, vayu, ruach* y otros). Una herida del cuerpo físico aparecerá como perturbación del cuerpo etérico. A menudo, el tratamiento de esa perturbación ayuda a sanar el cuerpo físico. Según muchos clarividentes, el cuerpo etérico tiene un color blanco grisáceo y consiste en una matriz o red de líneas que representan la energía.

3. **Cuerpo emocional:** Este cuerpo contiene nuestros sentimientos y emociones, preferencias y aversiones, disfrute sensual y apreciación estética. Puede extenderse entre quince y treinta centímetros más allá del cuerpo físico. Esta capa sutil parece ser el lugar donde existen formas de pensamiento creadas por las emociones, como el miedo. Según los clarividentes, allí se detectan los traumas del pasado. Suele suceder que los traumas emocionales estancados acarrean desequilibrios en el cuerpo físico. Los sanadores que trabajan con el cuerpo emocional pueden liberar esos bloqueos y restablecer el equilibrio de los cuerpos físico y emocional. Se considera que el cuerpo emocional está lleno de colores en constante cambio, lo que por lo general representa las características emocionales predominantes de la persona en un momento dado. Por ejemplo, en el caso de las personas iracundas, tal vez predominaría el color rojo.

4. **Cuerpo mental:** Este cuerpo alberga los principios de la mente y los pensamientos. Es un campo de energía que comienza aproximadamente a treinta centímetros del cuerpo físico y se extiende otros treinta centímetros a partir de allí. Refleja la actividad de la mente consciente y subconsciente. Allí es donde existen las construcciones mentales y los sistemas de creencias. Las formas de pensamiento derivadas del intelecto (la mente y los procesos mentales) se alojan allí, sobre todo los sistemas de creencias que no son beneficiosos para la vida y la salud. A menudo los sanadores trabajan con el cuerpo mental y llegan a disolver las formas de pensamiento que manifiestan esas energías desequilibradas en el cuerpo físico. De este modo se corrige el problema físico. El cuerpo mental suele verse de color amarillo.

5. **Cuerpo astral:** Este cuerpo contiene una combinación de imágenes emocionales y mentales, junto con algunos atributos espirituales. Es un campo de energía que se encuentra a casi un metro del cuerpo físico y se extiende otros treinta centímetros a partir de allí. Suele considerarse que es el que participa en las experiencias extracorpóreas, que también se conocen como viajes astrales. Según ese criterio, el cuerpo astral es capaz de separarse del cuerpo físico y viajar a reinos de conciencia más elevados. Algunos opinan que el cuerpo astral no contiene toda la esencia de nuestro ser y, por lo tanto, se ve limitado a los niveles de conciencia a los que puede viajar. Como mismo sucede con el resto de los cuerpos sutiles, mientras más lejos se encuentre del cuerpo físico, menos densa, más sutil y más refinada será la vibración. Así pues, la frecuencia del cuerpo astral es más refinada que la de los cuerpos antes mencionados. Nota: hay quienes consideran que este se encuentra entre el cuerpo etérico y el cuerpo emocional.

6. **Cuerpo causal:** Contiene los recuerdos de esta y otras vidas. Este cuerpo energético se encuentra a poco más de un metro del cuerpo físico y se extiende otros treinta centímetros a partir de allí. En esa capa de energía sutil es donde muchos psíquicos pueden leer las experiencias de vidas anteriores en los registros akáshicos, las cuales pueden influir en las acciones y

experiencias de nuestra vida actual. El cuerpo causal opera a un nivel trascendental de la existencia y es de una esencia vibratoria extremadamente refinada.

7. **Cuerpo espiritual:** Este cuerpo abarca la totalidad de nuestro ser espiritual. De todos los cuerpos energéticos, es el menos denso y más sutil. Es donde se aloja el yo superior, o la totalidad de nuestra esencia. Puede extenderse varios centímetros o metros más allá del cuerpo causal y, según algunos, llega aun más lejos. De este modo, los cuerpos sutiles, sobre todo los cuerpos vibratorios superiores, mantienen una interrelación e interacción constante con los cuerpos sutiles de otros. Esos campos de energía multidimensionales y psicoespirituales crean formas de onda de

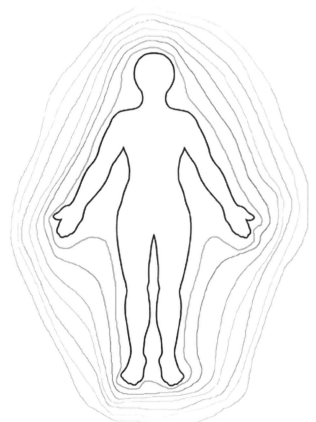

Fig. 3.1. Los cuerpos sutiles se extienden más allá del cuerpo físico.

conciencia que son parte del tantra, la red de la existencia que nos une y unifica a todos.

Los nombres y el orden de esos cuerpos sutiles pueden variar, según la tradición metafísica que los describa. Como ya se ha indicado, el conocimiento de los cuerpos sutiles ha existido durante miles de años y se encuentra en tradiciones esotéricas del mundo entero. Tanto los chamanes como los maestros espirituales han enseñado a sus discípulos sobre estos cuerpos y los han utilizado con fines de sanación y evolución de la conciencia. Constituyen la base de muchos métodos de sanación, con inclusión del Ayurveda, la medicina tibetana y la acupuntura.

Desde el punto de vista de la ciencia y la medicina occidentales, el sistema de energía del cuerpo sutil aún no ha sido suficientemente verificado. Eso no significa que los cuerpos sutiles no existan, sino que todavía no se han inventado los instrumentos científicos necesarios para medirlos y registrarlos adecuadamente, por lo menos con una precisión suficiente como para satisfacer a la mayoría de la comunidad científica. Hace poco más de cien años, no se había establecido científicamente la existencia de los rayos X ni de las partículas atómicas. Pero tampoco se conocía la existencia de los gorilas. Hoy en día, el conocimiento de la existencia de los rayos X y las partículas atómicas, así como de su uso en trabajos científicos y médicos, es algo común. También se ha demostrado que los gorilas son reales.

No cabe duda de que, cuando la tecnología científica se haya desarrollado hasta el punto en que se pueda medir la naturaleza vibratoria del ser humano, el conocimiento de los sistemas de energía será algo muy común. En los años cuarenta, los rusos Semyon y Valentina Kirlian comenzaron a experimentar con la exposición de placas fotográficas a campos eléctricos de alta frecuencia. Observaron que, cuando alguien colocaba un dedo o una mano sobre la placa fotográfica, aparecía una sustancia desconocida que rodeaba la parte física y solía presentar variaciones de intensidad, profundidad y dimensiones. También observaron las correlaciones existentes entre esa sustancia desconocida y la salud y vitalidad del sujeto. Los Kirlian consideraron que habían verificado la existencia del aura, que desde hacía tiempo se decía que era visible para los psíquicos.

Desde entonces se han llevado a cabo muchos experimentos con la fotografía Kirlian, así como con otros instrumentos que se utilizan para detectar y corroborar la existencia de los cuerpos sutiles. Aún hoy se está trabajando en muchos laboratorios del mundo para medir científicamente esas energías sutiles. Hay organizaciones, como la Sociedad Internacional para el Estudio de las Energías Sutiles y la Medicina Energética, que se reúnen cada año y comparten conocimientos avanzados sobre el cuerpo vibratorio. Se están desarrollando nuevos instrumentos que en un futuro serán capaces de registrar las distintas vibraciones de los cuerpos sutiles de una forma aceptable para los científicos occidentales. Aplaudimos los avances que se van logrando lentamente en esa esfera y esperamos con interés que llegue el día en que los médicos, aparte de consultar las radiografías e imágenes por resonancia magnética, mirarán también las tomografías del cuerpo sutil.

Quizás uno de los motivos en que se basa la dificultad para demostrar científicamente la existencia de esos cuerpos está relacionado con el hecho de que las vibraciones que componen los distintos cuerpos energéticos provienen supuestamente de una fuente divina. Esa energía se transduce (o cambia de frecuencia) a medida que pasa de un nivel energético a otro y se va volviendo menos sutil, de menor frecuencia y de vibraciones más densas hasta que, al fin, se convierte en el cuerpo físico. Tenemos bastante habilidad para medir todo lo que se manifieste en el plano físico, pero la medición de las energías sutiles nos ha resultado mucho más difícil.

Existe una analogía interesante con el sonido. Como se indicó en el capítulo anterior, nuestro oído solo puede detectar frecuencias sonoras de entre 16 Hz (muy lentas y graves) y 16.000 Hz (muy rápidas y agudas). Por eso, para la mayoría de los seres humanos, cualquier sonido que esté por encima de ese nivel es indetectable desde el punto de vista auditivo. Si usted ha tenido perros y ha usado silbatos especiales para esos animales, sabe que las limitaciones del oído humano para escuchar ciertos sonidos no impiden que los perciban otras especies que tienen mayor capacidad auditiva, y tampoco niegan la realidad de la existencia de esos sonidos de tono más agudo. La misma idea de nuestra limitación auditiva puede explicar nuestra incapacidad para detectar frecuencias energéticas que crean los campos de energía alrededor del cuerpo: seamos o no capaces de detectarla, esa energía existe.

Por supuesto, no todos los seres humanos oyen exactamente lo mismo. Algunas personas son capaces de oír por encima de los 16.000 Hz, y otras pueden ver más allá de nuestro rango normal de visión, con lo que logran visualizar la energía del cuerpo sutil y los campos áuricos. Muchas personas pueden captar los niveles más densos del aura. Como Jonathan proviene de una familia de galenos (su abuelo, su padre y su hermano son médicos), se resistió furiosamente a esta idea cuando se le habló por primera vez de las energías sutiles. Eso ocurrió hace casi treinta años, pero una enfermera que impartía un seminario sobre el toque terapéutico tuvo paciencia con él. Para sorpresa de Jonathan, llegó un momento en que fue capaz de detectar las energías fuera del cuerpo físico. Aprendió a tratar de equilibrar esas energías con sus manos.

En aquel entonces, Jonathan tocaba en un grupo de rock, pero era otro hombre cuando regresó de ese seminario sobre el toque terapéutico. Al día siguiente llegó a su sesión de práctica con el grupo musical y saludó a todos. El bajista comentó que se sentía mal. Jonathan le realizó un pase de mano a unos cinco centímetros de su cuerpo físico, sin tocarlo. Cualquiera hubiera pensado que estaba pasando la mano por el aire. Pero entonces le dijo al bajista: "Humm... te duele la garganta, ¿verdad?" El bajista quedó boquiabierto y le dijo: "¿Cómo lo supiste?" Entonces Jonathan calmó la perturbación y su amigo se sintió mejor.

Andi se percató por primera vez de que sentía una "energía" en 1972 mientras recibía una clase de sanación en el Instituto de Metafísica de Atlanta, en Georgia. Estaba practicando algunas de las técnicas de sanación que le habían enseñado con un compañero a quien le dolía mucho la cabeza. Comenzó con la aplicación de las manos para calmar el campo etérico alrededor de la cabeza, el cuello y el área de los hombros de su compañero. Para su sorpresa, al cabo de unos cinco minutos de trabajar con concentración, la persona empezó a sentir que se le aliviaba el dolor de cabeza. En ese momento fue que comenzó a darse cuenta del poder inherente al uso de la energía con fines de sanación.

De hecho, nuestra capacidad de transmitir y recibir energía es algo con lo que podemos aprender a trabajar de forma natural y eficaz. En algún rincón profundo del subconsciente, sabemos que podemos ayudar con esa energía simplemente con poner la mano sobre el lugar que presente dolor. A menudo, si contamos con el entrenamiento necesario, podemos aliviar el dolor. En realidad es muy sencillo.

El ejercicio que se describe a continuación comenzará a ayudarlo a desarrollar la capacidad de sentir la energía sutil.

⊠ Experimentación con la energía sutil

1. Frote las manos fuertemente durante unos segundos. Luego sepárelas y comience a moverlas de forma circular, una cerca de otra. Probablemente percibirá una sensación de hormigueo en las manos.

2. Acerque y aleje las manos una y otra vez. Fíjese hasta dónde las puede llevar antes de que deje de sentir el hormigueo.

3. Si está con su pareja o un compañero, haga el ejercicio con esa persona. Frote las manos y luego manténgalas a unos centímetros frente a las manos del otro. Vea si puede sentir la energía.

4. Haga que uno de los dos cierre los ojos mientras el otro le acerca y le aleja las manos. El que tenga los ojos cerrados deberá tratar de determinar si siente la energía.

Esta técnica es excelente para aprender a sentir el campo áurico de otra persona. Le sorprenderá comprobar que los dos lo podrán sentir muchas veces, incluso desde el principio. Incidentalmente, este es su primer ejercicio tántrico porque, desde el momento en que comienza a presentir la energía y a trabajar con ella, estará practicando el tantra.

⊠ ⊠ ⊠

Lo más importante en lo que respecta a nuestra comprensión del cuerpo vibratorio es que este tiene un sistema de retroalimentación. Si uno puede influir en el cuerpo energético, podrá influir en el cuerpo físico y, si puede hacer esto, podrá tener un efecto sobre el cuerpo energético. Así es como funciona la medicina energética. Por eso es que Jonathan pudo percibir el dolor de garganta de su bajista en la sesión de práctica hace tantos años. Y por eso Andi pudo disipar el dolor de cabeza de su compañero de clase. Lo que sintió Jonathan cuando hizo el pase de mano por el campo de energía de la otra persona fue una perturbación en el área de la garganta. Había algo que no fluía bien y vibraba incorrectamente, es decir, se sentía diferente. Por eso Jonathan supo que se trataba de un dolor de garganta.

A menudo es posible trabajar solamente sobre los cuerpos de energía y producir una rápida y sorprendente sanación del cuerpo físico. En eso se basa gran parte de la medicina energética, incluida la terapia del sonido. Como pronto descubriremos, el uso del cuerpo físico y el cuerpo sutil puede potenciar la sanación y el equilibrio, aumentar la autoconciencia y ampliar la conciencia. Puede ayudarnos a sentir la conexión con la red de la vida.

LOS CHAKRAS

Hemos descrito los distintos cuerpos sutiles y hemos afirmado que cada uno de ellos vibra a distinta frecuencia y se hace más denso y lento a medida que nos acercamos más al cuerpo físico. Todos representan distintas energías; lo que tienen en común es el sistema de los chakras.

El término *chakra* proviene del sánscrito y significa "rueda". Los chakras se perciben y se ven como discos giratorios o ruedas de energía. Hay siete chakras principales distribuidos verticalmente a lo largo del centro del cuerpo. Son vórtices de vibración, lugares donde la energía de los cuerpos sutiles se vuelve más y más densa hasta que se manifiesta en el cuerpo físico. A medida que los chakras se vuelven más densos, comienzan por convertirse en los meridianos y puntos de acupuntura antes de manifestarse propiamente en el cuerpo físico. En la tradición hindú, los *nadis* o "subchakras", como a veces se les denomina, son aparentemente idénticos a los acupuntos.

Los chakras pueden verse como luz, percibirse como vibración y escucharse en forma de sonido y, como hemos mencionado, se perciben a través del tacto. Así pues, cuando haya aprendido a percibir la energía sutil con las manos, si mueve la mano desde la parte más baja del cuerpo hasta encima de la cabeza, comenzará a sentir siete zonas pulsantes de energía. Son los chakras.

Como se indicó, los siete chakras principales se encuentran sobre la línea central del frente y el dorso del cuerpo. Son puntos focales donde se manifiesta la energía que compone el cuerpo sutil. A continuación se describen los lugares donde se encuentran (así como sus nombres en sánscrito y sus atributos):

1. El **chakra de base** (*muladhara*) se encuentra en la cavidad pélvica, en la base de la columna vertebral. Se asocia con el elemento tierra. Las glándulas suprarrenales, que se activan

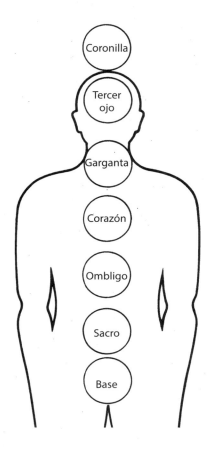

Fig. 3.2. Los siete chakras y sus posiciones aproximadas

durante las situaciones de pelear o huir, suelen vincularse con este chakra. Se relaciona con la energía de la conexión a tierra y la supervivencia. A menudo se describe este chakra como de color rojo intenso.

2. El **chakra sacro** (*svadhisthana*) se encuentra a unos ocho centímetros por debajo del ombligo. Este chakra se asocia con los órganos sexuales, las gónadas y el elemento del agua. Se relaciona con la energía vital de la reproducción y de la creatividad. Suele describirse como de color naranja.

3. El **chakra del ombligo** (*manipura*) se encuentra alrededor del ombligo. Se asocia con los órganos digestivos, el páncreas, el estómago, la vesícula biliar y el elemento del fuego. El poder, el autocontrol, la autoestima y la intuición son sus atributos. A menudo se asocia el color amarillo con este chakra.

4. El **chakra del corazón** (*anahata*) se encuentra en el centro del pecho. Se asocia con el corazón, la sangre, los sistemas respiratorio y circulatorio, y también con el elemento del viento. Es el chakra del amor y la compasión y se dice que en él se originan todas las formas de sanación. A menudo se visualiza con el color verde.

5. El **chakra de la garganta** (*vishudda*) se encuentra en la garganta. Se asocia con los órganos del habla y la audición, con el aparato vocal y los oídos, y con la tiroides. Está relacionado con el elemento del éter o el espacio. Es el chakra de la comunicación y la autoexpresión. El color predominante en este caso es el azul claro.

6. El **chakra de la frente** (*ajna*) se encuentra a poco más de un centímetro por encima de las cejas, en el medio de la frente. Conocido popularmente como "tercer ojo", este chakra se asocia con el cerebro y con la glándula principal del sistema endocrino, la hipófisis. Se relaciona principalmente con los atributos de la imaginación, las dotes psíquicas y la búsqueda de Dios. Es el "ojo interior" de la sabiduría y suele considerarse que su color es el azul índigo. Se dice que, al despertar este chakra, trabamos conocimiento con nuestro Yo Divino.

7. El **chakra de la coronilla** (*sahasrara*) se encuentra en la parte superior de la cabeza. Se dice que controla todos los aspectos del

cuerpo y la mente y se asocia con la plena iluminación y unión con Dios. Este chakra raras veces se abre por completo, excepto en casos de seres altamente espirituales. El halo que rodea la cabeza de los santos en las pinturas espirituales es la representación del chakra de la coronilla activado. Suele considerarse que este chakra es de color violeta o que tiene una luz dorada.

Lo más importante acerca de los chakras es:

1. Pueden percibirse por medio del tacto, la vista o el sonido.
2. Pueden estar influenciados y afectados por el sentido del tacto, la vista y, sobre todo, el oído.
3. Son la base de muchas prácticas tántricas y afectan nuestra relación con nosotros mismos y con otros.

Como ya se ha mencionado, los chakras son la interfaz entre los cuerpos sutiles. A medida que los cuerpos se vuelven más densos hasta que se manifiestan en el plano físico, va ocurriendo lo mismo con la energía de los chakras. Al aprender a trabajar con los chakras, también aprenderemos a trabajar con la energía de los distintos cuerpos. Así pues, mediante el trabajo con los chakras es que empezaremos a experimentar el equilibrio interno. Al experimentar ese equilibrio también cobramos conciencia de la red del tantra (la interconexión que existe entre todo). Ese equilibrio y alineación contribuirá a la creación de la salud y el bienestar personal. Además, los ejercicios de resonancia y vibración de los chakras son los que propician gran parte de la intimidad profunda y la labor energética que realizamos. El sonido también nos puede ayudar a generar el equilibrio y la armonía interiores y también con otras personas.

Al comienzo de este capítulo preguntamos dónde terminaba el cuerpo. En realidad, el cuerpo vibratorio, formado por diversos cuerpos energéticos sutiles, incluidos los chakras, puede extenderse a varios metros de distancia del cuerpo físico. De ese modo, dos personas que se encuentren a cierta distancia entre sí pueden interactuar de todas maneras debido a sus campos de energía.

Al comprender cómo influir en los chakras y los cuerpos sutiles mediante el sonido, podemos aprender a influir e interactuar con la energía de otra persona. Ese es uno de los principios de la utilización del sonido como tantra. Un aspecto extremadamente importante para comprender este fenómeno se relaciona con la intención, que se explica en el próximo capítulo.

4

EL PODER DE LA
INTENCIÓN

A FINALES DE LOS AÑOS OCHENTA, Jonathan recién había terminado su maestría en estudios independientes de la Universidad Lesley en Cambridge, Massachusetts, basada en la investigación de los usos del sonido y la música con fines de sanación. Cuando terminó la tesis de su maestría, comenzó a usar ese material para escribir un libro. Siguió acumulando información sobre la relación existente entre el sonido y la sanación y, en particular, entre el sonido y los chakras. Encontró decenas de sistemas en los que se utilizaba el sonido para hacer que los chakras entraran en resonancia.

El problema radicaba en que todos esos sistemas eran muy diferentes entre sí y no parecía haber ninguna coincidencia entre ninguno de ellos. Si en uno se utilizaba un mantra en particular para hacer resonar determinado chakra, en otro se usaba el mismo mantra para hacer resonar otro chakra. O encontraba distintos mantras de distintos maestros que hacían resonar el mismo chakra. Había una amplia variedad de sistemas de sonido que hacían resonar los chakras según cual fuera el maestro espiritual, la cultura o la tradición correspondiente. Esto causaba confusión a Jonathan.

"Sabía que tenía que haber algún vínculo entre esos sistemas, alguna forma de explicar tal acertijo, cómo distintos maestros podían obtener buenos resultados con tal variedad de sonidos", dijo. Sin embargo, no le veía sentido a nada de esto. Recuerda que se sentaba frente a su computadora con la cabeza entre las manos, en un estado de angustia intelectual. ¿Cómo podía haber tantos sistemas contradictorios de resonancia de los chakras y sanación con el sonido en general, todos los cuales parecían funcionar?

De pronto, oyó una voz que le dijo: "Lo que crea la frecuencia del sonido no es solamente su efecto. También la *intención* de la persona que crea el sonido tiene una influencia similar en este".

Tecleó en la computadora las palabras *"Frecuencia + Intención = Sanación"* y, a medida que iban apareciendo en la pantalla, se dio cuenta de que había encontrado la explicación de la extraordinaria variedad y diferencia que hay entre los sonidos que las personas utilizan en la práctica con fines de resonancia y sanación. Hasta el día de hoy, esa fórmula sigue dando buen resultado como explicación y ofrece una valiosa información a los innumerables sanadores que trabajan con el sonido.

LA FRECUENCIA

La frecuencia es una de las formas de medir el sonido. El factor que se toma en cuenta es la velocidad de las vibraciones (o ciclos por segundo). Hay otras maneras de medir el sonido además de la frecuencia. Utilizamos esa palabra en la fórmula de Jonathan, "Frecuencia + Intención = Sanación", a fin de entender el propio sonido físico. En otra fórmula conexa, "Vocalización + Visualización = Manifestación", hemos sustituido el término *vocalización* con la palabra *frecuencia,* y en este caso se refiere al sonido físico vocalizado.

En la fórmula de "Frecuencia + Intención = Sanación", la sanación se refiere al efecto o resultado de la utilización del sonido. Dado que esa ecuación se incluyó inicialmente en el libro de Jonathan titulado *Sonidos sanadores,* evidentemente era el resultado deseado para el uso del sonido. No obstante, como lo demuestra la otra fórmula, de "Vocalización +Visualización = Manifestación", está claro que ese resultado puede ser cualquier cosa que uno quiera que se manifieste al producir el sonido.

LA INTENCIÓN

La intención es la energía en que se basa el sonido. Es la conciencia que tenemos al producir y proyectar un sonido. Es nuestros pensamientos, visualizaciones y sentimientos, es decir, la energía de la conciencia que se propaga con el sonido y se percibe desde el punto de vista energético por la persona que recibe el sonido (o lo escucha). Hace muchos años, Steven Halpern, pionero de la música de sanación, escribió: "El sonido es una onda portadora de conciencia". Esa es otra forma de describir la relación entre el sonido y la conciencia y un fundamento para utilizar la intención.

Para los antiguos, el sonido era no solo una forma de energía o poder, sino que en muchos sentidos era una representación directa de lo Divino. Como tal, profesaban al sonido el mismo respeto y reverencia que a las fuerzas divinas. Es triste comprobar que hasta hace poco esa comprensión del poder del sonido se había perdido y, con ella, también se había perdido el poder de la intención.

Al proyectar la intención en el sonido, se pueden crear distintas experiencias y efectos. Dos personas distintas podrían crear el mismo sonido con intención diferente y manifestar dos efectos distintos. Una de ellas podría producir un sonido y proyectar energía sanadora en él, mientras que otra podría crear el mismo sonido con el efecto opuesto, según cuál fuera la intención. Desde nuestra perspectiva, la intención sería la parte más importante y poderosa de la fórmula.

Si la frecuencia (o vocalización) es la equivalencia física del sonido, la intención (o visualización) es la equivalencia espiritual, y juntas crean el resultado del sonido (la sanación o la manifestación).

La frecuencia es fácil de demostrar. De hecho, casi cualquier aspecto físico del sonido (como su energía sonora o nivel de decibelios, es decir, cuán intenso o suave es un sonido) puede medirse eficazmente con instrumentos científicos. En cambio, la intención es un tanto más difícil de medir. Esto es más o menos comparable con las dificultades que tenemos en la actualidad para medir los chakras y el cuerpo sutil. No obstante, con el uso de la kinesiología podemos comenzar a medir la intención.

LA KINESIOLOGÍA

La kinesiología es un método para realizar pruebas musculares que permite determinar los puntos fuertes y débiles de los órganos, los huesos, los meridianos de acupuntura e incluso los chakras, en relación con distintas sustancias, como los alimentos o medicamentos. También puede utilizarse para comprobar si un sonido nos resulta beneficioso. La práctica de la kinesiología está en auge en muchas comunidades de salud holística y es utilizada por diversos practicantes, desde quiroprácticos hasta médicos. De hecho, muchos médicos reconocidos, incluidos los Dres. John Diamond y David Hawkins, han escrito sobre el tema.

En la kinesiología, cuando el organismo interactúa con una sustancia que tal vez no sea beneficiosa (por ejemplo, el azúcar), los músculos se debilitan. Cuando interactúa con una sustancia que sí es beneficiosa (por ejemplo, un bocado de fruta orgánica), los músculos se fortalecen. Aunque las pruebas se pueden realizar en cualquier músculo, muchos practicantes de la kinesiología utilizan con ese fin el deltoide del brazo. Si el sujeto toma un poco de azúcar en su mano y extiende el brazo horizontalmente, el deltoide se debilitará si el azúcar no es buena para ese sujeto, y entonces será fácil que otra persona le mueva el brazo hacia abajo. No obstante, si sostiene en la mano una naranja orgánica, el músculo se fortalecerá si la fruta es buena para él, con lo que será más difícil que otra persona le mueva el brazo hacia abajo.

La explicación más sencilla de esto es que determinadas sustancias, como la naranja orgánica, tienen una energía positiva que contribuye a afirmar la vida y fortalece los músculos, el cuerpo físico y los cuerpos sutiles. Las sustancias que no son beneficiosas carecen de energía vital y nos debilitan, con lo que entorpecen el funcionamiento de los sistemas del cuerpo vibratorio. A la inversa, las sustancias que son beneficiosas para el organismo amplifican la energía del cuerpo vibratorio. Estas pruebas para determinar las cualidades positivas que contribuyen a afirmar la vida no se limitan a las sustancias físicas, sino que se pueden realizar con diversas formas de vibración, como el sonido. El relato siguiente demuestra el uso de la kinesiología con ese fin.

UN EXPERIMENTO CON LA KINESIOLOGÍA

Hace varios años se realizó un experimento con un grupo de personas. Se sentaron en círculo junto al mar y pusieron una grabadora de casetes en medio del grupo. Meditaron llenos de dicha (en silencio) y proyectaron amor sobre el ruido del mar que se estaba grabando. Seguidamente, pusieron otro casete y volvieron a apretar el botón de grabar, pero esta vez proyectaron ira. No pronunciaron ni una palabra mientras se grababa el ruido del mar. Por último, el grupo se retiró de la zona y, en un tercer casete, grabaron solamente el ruido del mar, sin nadie alrededor.

Entonces comenzó la verdadera labor. Un experto en kinesiología realizó pruebas de los músculos de las personas mientras escuchaban los sonidos del mar grabados en cada uno de los tres casetes. A cada sujeto se le hicieron tres pruebas por separado, con las tres grabaciones, que al oído parecían idénticas. Ni los sujetos ni el experto en kinesiología sabían cuál de las cintas estaban escuchando. Simplemente oían el ruido del mar. Pero los resultados fueron radicalmente diferentes.

Para empezar, el sonido del mar sin nadie alrededor fortalecía los músculos de los sujetos. Los sonidos de la naturaleza son beneficiosos para el cuerpo, la mente y el espíritu y, como es de esperar, así sucedió en las pruebas de kinesiología realizadas ese día.

Luego, la grabación del mar en que las personas trataban de proyectar dicha y amor hacía que los músculos de los sujetos se volvieran aun más fuertes. Fue sorprendente ver el gran efecto que tenía este sonido en los sujetos sometidos a la prueba. Sus músculos se pusieron duros como piedras mientras escuchaban ese sonido.

Por último, la grabación del "mar iracundo", en la que proyectaron ira, produjo distintos resultados desde el punto de vista de la kinesiología, aunque en apariencia era idéntica a las otras grabaciones. Los músculos de los sujetos se volvieron débiles. Por supuesto, la diferencia radicaba en la intención de las personas que proyectaron sus sentimientos sobre el sonido.

Significa que se pueden proyectar dos intenciones diferentes sobre un mismo sonido y en ambos casos se obtendrá como resultado un sonido distinto. También se puede proyectar una sola intención sobre dos sonidos distintos y en ambos casos se obtendrá el mismo resultado. Esto explica cómo puede haber tantas personas que, aunque trabajan con sonidos muy distintos entre sí, obtienen resultados similares: es que sus intenciones son las mismas. Es decir, Frecuencia + Intención = Sanación.

Hemos visto que ese principio de utilizar la frecuencia y la intención es particularmente válido para las personas que crean sonidos vocalizados originales. Según la visualización que se utilice, la persona suele poder manifestar la intención que desee utilizando sonidos vocalizados. Por supuesto, este fenómeno de verificación de la visualización es más difícil de validar, aunque se utilice la kinesiología. En ese caso, hay que contar con las descripciones subjetivas de personas que nos narren lo que han experimentado. No obstante, si una persona sabe proyectar energía sobre un sonido y otra sabe cómo percibir conscientemente esa energía, podrían narrar lo que experimentan y verificar la ecuación de "Vocalización + Visualización = Manifestación".

Por ejemplo, alguien podría producir el sonido "oh" en la frecuencia de 256 Hz (la nota *do* (C, en notación inglesa)) mientras visualiza paz y el color púrpura, y la persona que reciba ese sonido percibiría paz y el color púrpura. Otra persona podría producir el sonido "iii" en la frecuencia de 384 Hz (la nota *sol* (G, en notación inglesa)) y proyectar la misma visualización del color púrpura y la paz, y de todas maneras se recibiría su proyección aunque se trate de un sonido completamente distinto. De modo similar, dos personas podrían producir el mismo sonido vocálico en la misma frecuencia, pero proyectar dos energías diferentes sobre el sonido. La persona que lo recibe puede percibir esas energías distintas. Así lo hemos verificado año tras año, en nuestro trabajo con muchos psíquicos y personas que han alcanzado un alto nivel de armonía espiritual.

EL SENTIMIENTO

Recientemente, hemos centrado la atención en la importancia del sentimiento que se proyecta sobre el sonido. Ese es otro aspecto del sonido cargado de intención. En lugar de hacer que la intención solo provenga de la mente en forma de pensamiento o visualización, hacemos que provenga del corazón a través de nuestros sentimientos. Gran parte del avance en este sentido se ha alcanzado principalmente gracias a la labor excepcional del científico espiritual Gregg Braden.

En su revolucionario libro *El poder de la profecía*, Braden indica que la forma más poderosa de oración no consiste en pedir algo, sino en alcanzar un estado de aprecio como si ya hubiese ocurrido. De ese modo, afirmar "¡gracias por la ayuda!" parece dar mejor resultado que decir "ruego que me ayude".

El hecho de utilizar la oración para pedir algo, como en el segundo ejemplo, se deriva del conocimiento de su carencia y, por lo tanto, proviene de una conciencia basada en el miedo. La primera frase, que contiene la palabra "gracias", se deriva de un estado de aprecio, como si lo que uno solicita ya se hubiera concedido, y por lo tanto proviene de una conciencia basada en el amor. Ese sentimiento agradecido es similar a encontrarse en un estado profundo comparable al amor.

Los investigadores del Instituto HeartMath, con sede en California, han demostrado que ese estado de aprecio crea una resonancia electromagnética coherente entre el cerebro y el corazón. El campo electromagnético generado por el corazón es sesenta veces más grande que el generado por el cerebro. Esto significa que los rezos que vienen del corazón producen una mayor respuesta electromagnética. Así pues, las oraciones creadas a partir del agradecimiento parecen ser más poderosas, como sucede con las plegarias dichas en voz alta.

Hay algo en la vocalización o el hecho de entonar una oración que le da más energía y vitalidad que cuando se expresa en silencio. Quizás se deba a que, como decían los místicos de la antigüedad (y como han verificado los científicos modernos), todo se encuentra en un estado de vibración. El hecho de que los sonidos audibles por medio del canto hayan sido la forma principal de oración en casi todas las tradiciones es una clara demostración de que el sonido es clave para potenciar la oración, como lo han sabido intuitivamente desde hace tiempo muchas personas de distintas partes del mundo.

Si bien este libro no se refiere específicamente a la oración, los dos autores promovemos el poder del amor y la compasión como parte de la experiencia tántrica. Ambos utilizamos el sonido para proyectar energía, no solamente hacia nosotros mismos y hacia otros seres humanos, sino hacia el planeta. Ante todo, proyectamos esa energía de amor y compasión desde el corazón. Definitivamente, en la labor que realizamos con el sonido, utilizamos todos los chakras para hacer resonancia y proyectar el sonido. No hay un chakra que sea mejor o más importante que los otros. Todos son vitales y necesarios para la existencia. Como insistimos en los seminarios y en otras ocasiones, lo ideal es proyectar energía desde todos los chakras. No obstante, sí damos a entender que, si hay un chakra en el que la energía se puede amplificar, potenciar y utilizar de forma más eficaz, es el del corazón. La bondad, el agradecimiento y la compasión son ingredientes vitales para mantener una conexión amorosa con nosotros mismos, con el prójimo y con la red de la vida.

Se ha comprobado que, cuando dos personas concentran sus sentimientos de comprensión y bondad amorosa entre sí, los sonidos proyectados desde el chakra del corazón suelen ser altamente beneficiosos. Incluso, cuando la intención del amor se proyecta en el simple sonido "ah" desde el chakra del corazón, esto suele propiciar un estado de paz interior que abre los canales del amor. Cuando se realiza la entonación de los sonidos con una pareja o compañero, o en solitario, la vibración crea un cambio en los cuerpos sutiles y en el cuerpo físico.

INDUCCIÓN VS. ENTRETENIMIENTO

Somos partidarios de la utilización del sonido como herramienta de sanación y transformación y creemos que no hay sonidos creados por uno mismo que sean "malos" ni "equivocados", siempre que se proyecten con la energía del amor. A muchos nos han enseñado que en algunas ocasiones hay que cantar en voz baja o limitarse a mover la boca sin producir sonido (quizás un maestro de música nos lo haya inculcado con buenas intenciones). ¿Cuántos estamos buscando todavía alguna forma de cantar sin desentonar?

Desde el punto de vista de *Las frecuencias de los chakras,* nada de esto es importante. No estamos hablando de utilizar el sonido como medio de entretenimiento ni de ir a cantar a un club nocturno u otro lugar similar. Nos referimos al uso del sonido como una herramienta de inducción que nos permita modificar los ritmos vibratorios. En ese sentido, la energía que proyectamos sobre el sonido (nuestra intención) es uno de los aspectos principales en que debemos concentrarnos. Repetimos: si siempre podemos utilizar la intención del amor, nuestros sonidos siempre serán beneficiosos.

Jonathan recuerda una de sus últimas sesiones en un estudio de grabación en Boston, donde le pedían que grabara una versión tras otra de una sencilla línea de guitarra. Normalmente, Jonathan prefería llegar y grabar cada pista desde el primer o segundo intento porque solían ser los momentos en que su energía era animada e inspiradora. No obstante, en este caso, el productor se preciaba de tener "un oído perfecto" y siempre encontraba algún detalle que no le gustaba en cada toma que se hacía. Jonathan siguió intentándolo durante horas y horas hasta que consiguió que esa parte quedara a la perfección y le pareciera aceptable al productor.

Cuando Jonathan escuchó el fragmento con atención, ciertamente pudo notar la perfección técnica en el segmento de la guitarra. Pero también podía percibir la ira y la frustración que había sentido al crearlo y se dio cuenta de que, a un nivel sutil, cualquier persona que lo escuchara también lo percibiría. Entre otras cosas, Jonathan siempre trata de asegurarse de que la energía que proyecta sobre cualquiera de sus grabaciones sea lo más positiva posible y que siempre esté llena de amor. Y si alguna vez se siente estresado en el estudio de grabación, apaga el equipo y solamente regresa cuando siente que ha recuperado el equilibrio.

La importancia de la intención, la visualización y los sentimientos no se puede negar en lo que respecta al tantra del sonido. Está claro que el sonido creado es importante y, de hecho, en los próximos capítulos compartiremos con el lector varios sonidos poderosos. Sin embargo, es igual de importante la conciencia que proyectemos sobre el sonido. Eso es algo que debemos recordar.

⊠ *El mejor momento para concentrar la intención*

A menudo surge la pregunta de cuál sería el mejor momento para concentrar la intención. Lo que sugerimos, basados también en la creencia de muchas otras personas, es que el mejor momento sería el punto de quietud entre la inhalación y la exhalación. En ese punto es donde se produce una onda armoniosa entre el corazón y el cerebro.

Respire y, justo en el instante en que acaba de hacer la inhalación y momentáneamente aguanta la respiración, concéntrese en un pensamiento, una imagen o sentimiento (por ejemplo, de amor) y llévelo hasta su corazón. Entonces, al exhalar, verá que su aliento lleva codificada la conciencia de su corazón. Así de sencillo.

⊠ ⊠ ⊠

De cualquier modo, somos de la opinión de que mientras más cómodo y relajado se sienta en cualquiera de las actividades o ejercicios que se sugieren en este libro, con más facilidad los hará. Por lo tanto, aunque le hagamos ciertas sugerencias, como la de proyectar la intención en un momento particular del ciclo de la respiración, no creemos que haya que seguir rígidamente ese precepto. Somos de creencias fluidas. Si esta o alguna otra sugerencia que le hagamos no está en resonancia con usted o le resulta incómoda, siéntase en la libertad de no utilizarla. Recuerde que no hay una forma "correcta" o "incorrecta" de utilizar el sonido para potenciar sus conexiones de amor más profundas.

Al parecer, la fluidez es clave para mantener la salud y el equilibrio, y es un aspecto esencial del tantra. La rigidez constriñe la energía, en tanto la fluidez hace que esta circule con libertad. El sonido es fluido, pues cambia constantemente. Por lo tanto, mientras mayor sea su espontaneidad y soltura al utilizarlo, mayor será su eficacia en relación con el tantra del sonido.

SEGUNDA PARTE

PRÁCTICAS BÁSICAS

5

LA RESPIRACIÓN Y LA ENTONACIÓN

ANTES DE COMENZAR ESTE CAPÍTULO, deténgase un instante y respire lenta y profundamente. Aguante la respiración durante unos segundos y luego libérela poco a poco. Puede intentarlo otra vez. Al hacerlo, trate de fijarse en cualquier cambio que pueda ocurrir. Al respirar varias veces en forma consciente y profunda, conseguirá grandes cambios en su ritmo cardíaco y su respiración, e incluso en las ondas cerebrales.

La ciencia de la respiración ha sido tema de muchas grandes enseñanzas. Se han escrito libros sobre el tema. Es la base de muchos estudios esotéricos, incluido el del yoga. Hay muchas escuelas distintas sobre la forma adecuada de respirar. Algunos creen que la respiración adecuada solo debería ser por la nariz. Otros, que la única forma de respirar es por la boca. En tanto, otros combinan los dos enfoques.

La respiración es la esencia de la vida y es sagrada. Muchas tradiciones espirituales reconocen esa realidad e incorporan esa conciencia de la energía vital en los términos que utilizan para referirse a la respiración. Esa energía recibe el nombre de *prana* en las tradiciones hindúes. En el Oriente, se conoce como *chi* o *ki*. En la tradición hebrea, uno de los términos utilizados para referirse a la respiración es *ruach,* que también significa "espíritu". Wilhelm Reich, uno de los discípulos de Sigmund Freud, dio a esta energía el nombre de "orgón" y dedicó muchos años a estudiar su poder. Esa energía recibe muchas denominaciones distintas en las diversas culturas, países y senderos espirituales existentes en nuestro planeta. Pero en todos los casos se refieren a lo mismo: a la energía de la vida y de la respiración.

Al inhalar, el cuerpo absorbe un poco de esa energía. Al aguantar la respiración, el cuerpo la acumula. Al exhalar, el cuerpo libera esa carga energética. Lo anterior es una explicación simplificada de la ciencia de la respiración, denominada *pranayama* en la tradición hindú. A pesar de la sencillez de estas afirmaciones sobre la respiración, hay gran veracidad en ellas pues, cuando centramos la conciencia en el poder de la respiración, podemos regular y cambiar los cuerpos energéticos.

Como indicamos brevemente en el capítulo anterior, la fluidez es la base de una comprensión y conocimiento espirituales mucho más elevados. Por eso no abordaremos con rigidez ninguno de nuestros temas, incluido el de la respiración. Creemos que lo que mejor resultado le dé y le sea más cómodo debería ser su método usual de práctica, sea en la respiración o en la creación de sonidos. Por nuestra parte, nos limitamos a hacerle sugerencias útiles.

Una de esas sugerencias es la de centrar la atención en el poder de la respiración, no como actividad general (a menos que ello le parezca adecuado en su caso particular), sino como experiencia y experimento en materia de conciencia. Repetimos: al inhalar, el cuerpo recibe una carga de energía. Al aguantar la respiración, se acumula esa carga. Al exhalar, el cuerpo libera dicha carga de energía. Respirar conscientemente de esa manera, aunque solo sea por un rato, es una experiencia increíble.

Hay muchas variaciones sobre el tema de las técnicas de respiración. Algunos recomiendan inhalar durante cuatro segundos, aguantar la respiración cuatro segundos y luego exhalar durante cuatro segundos. Otros recomiendan inhalar durante ocho segundos, aguantar la respiración durante ocho segundos y liberarla durante ocho segundos. Pero también hay otros que consideran que el mejor método sería inhalar durante cuatro segundos, aguantar durante ocho segundos y exhalar durante cuatro segundos. Le sugerimos que respire lenta y profundamente y que experimente con las distintas sugerencias descritas. Recuerde que nuestra regla esencial consiste en hacer lo que nos resulte cómodo y adecuado en nuestro caso particular.

LA RESPIRACIÓN DIAFRAGMÁTICA

En lo que respecta a la respiración profunda, sugerimos, independientemente de si respira por la nariz o por la boca, que trate de llevar la respiración hacia lo más profundo posible de los pulmones y la barriga. Esto recibe el nombre de respiración diafragmática, que significa llevar la respiración hacia el diafragma, es decir, la parte del cuerpo que está justamente por debajo de la cavidad torácica y los pulmones (véase la figura 5.1). Una forma de comprobar si está respirando de esa manera consiste en fijarse en que la caja torácica y el estómago comiencen a expandirse a medida que inhala. Es la forma que permite la entrada de la mayor cantidad de aire posible a los pulmones.

Muchos recordarán cómo se les enseñó a respirar en la escuela, con los hombros alzados y el estómago y la caja torácica firmes e inmóviles. Esa forma de respirar, que también se ha enseñado en el ejército, no contribuye en nada a aumentar la capacidad de retener aire. Al respirar hondo, si nota que sus hombros se elevan, lo más probable es que no esté realizando respiración diafragmática. O tal vez note que se siente tenso. En tal caso, le resultaría útil aprender a respirar de otra manera. A continuación, una sugerencia:

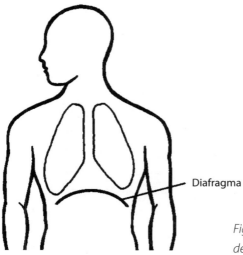

Diafragma

Fig. 5.1. El diafragma está por debajo de los pulmones.

⊠ Práctica de respiración

1. Tendido en el suelo, coloque las manos sobre el estómago y respire profundamente.

2. Al inhalar, concentre la intención en llevar el aire hacia la parte más profunda de los pulmones y la barriga. Imagínese que está inflando el estómago como si fuera un globo. Fíjese en cómo la barriga se eleva al absorber aire.

3. Luego exhale y sienta cómo el estómago se le contrae a medida que expulsa el aire de los pulmones.

4. Repita el ejercicio una y otra vez hasta que le parezca natural.

¡Felicitaciones! Está practicando la respiración diafragmática.

⊠ ⊠ ⊠

Por cierto, la respiración diafragmática es una forma natural de respirar. Si se fija en los bebés, verá que así es como lo hacen. A veces olvidamos lo que es natural, por lo que es útil que alguien nos lo recuerde. Por eso le recordamos que debe respirar llevando el aire hacia el estómago. Si esto le resulta difícil, recuerde que antes respiraba así, cuando era bebé, y que puede aprenderlo de nuevo.

Al respirar de esa manera, está aumentando el suministro de oxígeno al torrente sanguíneo, con lo que hace llegar más energía a todos los órganos del cuerpo. La respiración lenta y profunda no solo oxigena el organismo y el cerebro, sino que vuelve más lentos su ritmo cardíaco y sus ondas cerebrales, con lo que contribuye a inducir calma y relajación. Esto es excelente para la salud, pues reduce el estrés, que es una de las causas fundamentales de las enfermedades. Si le interesa aprender más sobre la respiración, le recomendamos leer *La respiración consciente* (Ediciones Urano, 1997) por el Dr. Gay Hendricks.

Al combinar su conciencia concentrada (intención) sobre la energía del aliento con una respiración lenta y profunda, ayuda a su cuerpo físico y sus cuerpos sutiles porque atrae aun más energía al organismo. Se dice que en el Lejano Oriente hay personas aerívoras (que practican la alimentación mediante la respiración; también se les conoce como "respiracionistas"). Se trata de individuos que, mediante el estudio del *pranayama,* han desarrollado la capacidad de vivir exclusivamente de la energía y los nutrientes que le aporta la respiración, sin necesidad de comer. Sin duda los aerívoros han desarrollado determinadas técnicas extraordinarias de respiración, pero de todos modos consideramos que este sería un ejemplo más del poder de la intención. Aunque esas personas sean capaces de colmar su aliento de energía y no necesiten comida, en fin de cuentas lo que hacen básicamente es llevar su aliento hacia los pulmones. No han desarrollado ningún órgano secundario, por lo menos en el cuerpo físico, que utilicen para procesar el aire de una manera diferente. Al parecer, el conocimiento y la atención/intención consciente de su respiración es lo que les permite utilizar el aliento como sustento.

La respiración es la fuente de la vida y también del sonido. No es posible producir ningún sonido vocal sin el aliento. Por lo tanto, antes de comenzar a trabajar con sonidos y tonos creados por usted mismo, asegúrese de desarrollar la capacidad de respirar con la mayor fuerza y plenitud posibles.

LA ENTONACIÓN

Los próximos ejercicios de este capítulo se concentran en las técnicas para producir sonidos vocálicos de creación propia, o sea, la entonación. Este concepto proviene del término inglés *toning,* que fue utilizado por primera vez por Laurel Elizabeth Keyes en su libro *Toning [Entonación]* (DeVorss, 1973). En este caso, la palabra entonación se utiliza para describir el uso de sonidos vocálicos alargados que permitan crear resonancia, armonía y equilibrio. Es la base de la producción de cambios vibratorios para contribuir a la salud y a la transformación. Por tratarse de un concepto sencillo y natural, la entonación puede ser una gran herramienta. En realidad, la practicamos constantemente, por ejemplo, cuando bostezamos de cansancio o gemimos de dolor. La entonación contribuye a liberar los traumas y bloqueos. La entonación es una herramienta excelente para hacer que nuestros cuerpos físico y sutil entren en resonancia.

Ahora lo invitamos a experimentar con la siguiente técnica básica de entonación, que le puede dar una idea de cómo utilizar la voz para producir sonidos.

⊠ Entonación del sonido "ah"

1. Inhale lenta y profundamente y produzca un sencillo sonido "ah" al exhalar. (Si lo desea y le da resultado, puede alargar más el sonido).

   Vaya dejando salir ese sonido apacible y relajado mientras exhala lentamente. Por ahora, no intente entonar ese "ah" en forma de canto. En lugar de ello, déjelo salir con su aliento de modo que parezca más bien un suspiro.

2. Vuelva a inhalar lenta y profundamente y luego libere el aire mientras produce ese sonido suave y relajado. ¿Qué es lo que experimenta cuando esto sucede?

   Inténtelo de nuevo. Fíjese en su estado. ¿Qué sucede cuando produce el sonido "ah"?

3. Produzca tres veces un suave sonido "ah". Luego manténgase un rato en silencio. Fíjese en lo que siente.

4. Después de producir ese sonido "ah", repítalo unas cuantas veces más hasta que se sienta cómodo con el tono que está creando.

5. Luego comience lenta y gradualmente a aumentar el volumen del sonido. Repítalo tres veces y luego manténgase en silencio, fijándose en su estado al detenerse.

El hecho de entonar el sonido "ah" suele traer consigo un estado de paz interior que abre los canales del amor. Es un sonido vigoroso, que resulta particularmente útil para generar compasión, un aspecto clave de la transformación de la conciencia.

⊠ ⊠ ⊠

¿QUÉ ES EL SONIDO "AH"?

El sonido "ah" es una "sílaba de simiente sagrada". Es un sonido primordial de la creación y un mantra sagrado en muchas tradiciones orientales. También es un sonido vocálico de inspiración divina que se considera sagrado en muchas tradiciones.

Hay una forma suave del sonido "ah" en muchos nombres de

los dioses y diosas del planeta, entre ellos: Tara, Buda, Krishna, Yahvé, Yejeshua, Saraswati, Wakantanka y Quan Yin. También se encuentra en muchas palabras sagradas, como *amén, aleluya* y *aum*. En su calidad de sílaba simiente, el sonido "ah" es universal y puede utilizarse de forma diferente en distintas tradiciones, en dependencia de su propósito. Según muchas tradiciones místicas del mundo, este sonido suele corresponder al chakra del corazón. Ese chakra, situado en el centro del pecho, es el centro de energía vinculado con el amor, la compasión y el sentimiento. De hecho, cuando muchas personas piensan en la energía del amor, la expresan con ese sonido. Muchos maestros espirituales creen que la activación de ese chakra es de gran utilidad para alcanzar una conciencia elevada y la iluminación. La mayoría coincide en que la energía del amor y el corazón constituye la energía primaria y esencial del universo.

Muchas personas reconocen que el sonido "ah" es el primero que se emite al nacer, pues es lo que se produce al exhalar el primer aliento. También suele ser el último sonido que producimos, con la energía de nuestra exhalación final. Este uso del sonido "ah" podría ser de utilidad para las personas que trabajan con enfermos terminales.

En el budismo tibetano, hay una técnica de comeditación en la que se utiliza ese sonido. La entonación del sonido "ah" en grupo (o simplemente cuando respiramos juntos) nos permite armonizarnos y entrar en resonancia mutuamente. Al parecer, los latidos del corazón, la respiración y las ondas cerebrales de dos o más personas se condicionan mutuamente mediante la inducción producida por la respiración o la entonación del sonido "ah".

A menudo recomendamos este sonido a quienes deseen trabajar con los mantras en grupos. Como ya se ha indicado, esto se debe a sus cualidades transformativas, aunque la mayoría de las personas solo lo conocen como sonido vocálico, y por ese motivo es difícil asociarlo con alguna denominación espiritual o descripción como mantra. Si bien otros sonidos, como "om", podrían ser rechazados por algunas personas que lo reconocerían como un mantra oriental o como algo proveniente de otra tradición espiritual, la producción del sonido "ah" es aceptable para todos independientemente de su formación, cultura o religión. Así pues, es posible que muchas personas de distintas partes del mundo, independientemente de sus sistemas de creencias, entonen ese sonido.

Hemos obtenido resultados excepcionales con el uso del sonido "ah" en el "Día Mundial de la Sanación con Sonido", un evento mundial que coordinamos cada año en el que se utiliza el sonido como vehículo para manifestar la paz en el planeta. Los participantes emiten el sonido "ah" al mismo tiempo que generan energía de agradecimiento y compasión y la envían a todos los confines del planeta. Nos han dicho que pueden percibir las oleadas de amor que recorren el planeta cuando se realiza esta actividad de entonación de sonidos en grupo, aunque en muchos casos nos separen cientos o miles de kilómetros.

⊠ Generar compasión con el sonido "ah"

La proyección del sonido "ah" mientras se siente la energía del agradecimiento en el área del corazón parece ser una técnica extraordinaria de utilización del sonido para generar compasión. Ahora lo invitamos a explorar y experimentar con el sonido "ah", utilizando la técnica siguiente.

1. Comience por respirar lenta y profundamente, mediante la respiración diafragmática.
2. Mientras respira de esa manera, piense en algo por lo que se siente agradecido o que le haya traído alegría y felicidad. Podría ser una persona o un animal, quizás un hijo, el padre o la madre o un ser querido, o una mascota muy querida. Podría ser un lugar donde ha estado, una imagen de una bella puesta de sol o un momento maravilloso en la playa, o algo similar. Utilice la imagen o el pensamiento que lo ayude a inspirarle un sentimiento de aprecio.
3. Mientras respira y siente esa energía de agradecimiento, comience a entonar el sonido "ah" de modo que salga con suavidad en el aliento. Produzca ese sonido tres veces mientras se encuentra en ese estado.
4. Deténgase ahora un momento y fíjese en su estado. ¿Qué observa? ¿Tiene alguna sensación, tal vez un sutil o suave cosquilleo en el centro del pecho?

5. Respire profundamente un par de veces más y concentre la atención de modo que, al inhalar, visualice cómo la respiración se concentra en el pecho. Al exhalar, visualícela como si saliera por el centro del pecho.
6. A continuación, añada un "ah" muy suave. Sienta cómo ese sonido proyecta energía hacia afuera desde el centro de su pecho.
7. Respire tres veces más produciendo el sonido "ah". Deténgase otra vez y fíjese en su estado. Si se siente cómodo, aumente el volumen del sonido; en caso contrario, siga produciéndolo con el mismo volumen.
8. Mientras vuelve a producir ese "ah", piense en un color que le gustaría codificar en ese sonido. Proyecte esa idea sobre el sonido que está produciendo. Visualice cualquier color que le resulte cómodo.
9. Si desea seguir produciendo el sonido "ah", hágalo. Siga sintiendo ese estado de aprecio. Siéntase en paz.

Al terminar el ejercicio, manténgase en silencio durante unos instantes para tratar de percibir cualquier cambio o modificación que haya ocurrido. ¿Se siente distinto ahora de cómo se sentía antes de comenzar este ejercicio? Fíjese en su estado. ¿Qué es lo que observa?

⊠ ⊠ ⊠

Este ejercicio presenta varios componentes: (1) utilizar una técnica de respiración profunda; (2) sentir la energía del agradecimiento; (3) producir un sonido que le resulte cómodo y experimentar esa resonancia en su cuerpo, y (4) añadir al sonido un color u otras visualizaciones.

Este ejercicio, aunque sencillo, es beneficioso y terapéutico. Puede contribuir a la reducción del ritmo cardíaco y respiratorio y la frecuencia de las ondas cerebrales. Incluso propicia la coherencia entre el corazón y el cerebro. Ayuda a reducir el estrés y produce los resultados beneficiosos de la relajación, con lo que contribuye a su bienestar. Si se siente en estado inarmónico, el hecho de producir el sonido "ah" de esta manera contribuye eficazmente a crear equilibrio.

CLAVES QUE LO AYUDARÁN

Una de las claves para poder hacer el ejercicio anterior consiste en practicar. Mientras más experiencia tenga en la creación de sonidos cargados de intención, más fácil le resultará. Mientras más experiencia tenga en sentir cómo el sonido entra en resonancia en distintas partes del cuerpo, más fácil le será sentirlo.

Otra clave importante es que, al trabajar con los sonidos creados por usted mismo, una de las cosas más importantes que puede hacer para producir exitosamente un sonido transformativo y sanador consiste en recordar que en la creación de sonidos propios no hay resultados buenos ni malos, correctos ni incorrectos. Cuando realizamos estas prácticas, estamos trabajando con los principios de la inducción (no del entretenimiento). No hay que ser autocrítico. No enjuiciar es una de las claves para trabajar satisfactoriamente con el sonido.

Recuerde además estar lo más relajado posible mientras produce el sonido "ah". Proyecte sobre el sonido todo el amor o el aprecio que pueda. No juzgue si lo hizo bien o mal. Quizás la mayor sugerencia que le podemos hacer a cualquier persona que trabaje con el sonido es que se convierta en un "vehículo" de la expresión sagrada "¡Señor, haz de mí un instrumento!" Solemos decir a los participantes en nuestros seminarios que, al crear sonidos sagrados, uno es un recipiente o conducto, porque el sonido sagrado no proviene de uno, sino que es transmitido a través de nosotros.

EL SILENCIO DESPUÉS DE PRODUCIR EL SONIDO

Sería imposible exagerar la importancia del silencio, pues en él es donde se producen los mayores cambios en relación con los sonidos que acaba de producir. Recuerde hacer silencio en cada uno de los ejercicios de este libro en los que se utiliza el sonido. Muchas veces, cuando alguien cobra conciencia del poder del sonido por primera vez, se enamora tanto del sonido que pasa por alto la importancia de la polaridad opuesta, es decir, el silencio. Tenga en cuenta utilizar el poder del silencio después de cada experiencia que tenga con el sonido.

El silencio permite que el sonido penetre en el cuerpo físico, produciendo modificaciones a nivel molecular que influyen en las células y el ADN, es decir, todo lo que sea físico. El silencio también hace posibles los cambios de frecuencia en el cuerpo sutil, lo que crea el espacio necesario para que el sonido permee los chakras, el aura, el cuerpo físico y todos los cuerpos sutiles.

TRÁTESE CON SUAVIDAD

Quizás la única "sugerencia negativa" en este libro sea: *No fuerce la voz.*

Como siempre, la comodidad y la fluidez son importantes. Si se excede, sea con la voz o de algún otro modo, obstaculiza la fluidez y promueve el estrés, y también corre el riesgo de lastimarse físicamente. No compartimos la filosofía de que "sin dolor no hay recompensa". Lo que sí compartimos es la importancia de ser suave y amoroso consigo mismo, es decir, la autoaceptación de la singular expresión de la vida que uno es.

Otra observación sobre el sonido es que, a menudo, cuando recién descubrimos su poder, creemos que más es mejor. Esto es común en Occidente, y se aplica también a otros fenómenos. Muchos creen que es mejor tener sonidos más numerosos o más potentes. Pero a veces los sonidos más sutiles son los que propician los mayores cambios. Hemos observado extraordinarios cambios de frecuencia mediante el uso de sonidos apacibles y el poder del amor.

Una vez más, le pedimos que comience con moderación, independientemente del ejercicio que usted o su pareja estén realizando. Vaya aumentando lentamente el volumen de su energía sonora (el nivel de decibelios, o sea, el volumen del sonido). Tan pronto alcance un punto en que sienta la más mínima incomodidad, significa que ha alcanzado un volumen excesivo y que lo debe reducir. Lo mismo se aplica a la frecuencia o la nota que esté produciendo o entonando. No fuerce la voz. Si le resulta difícil producir una nota que sea de un tono demasiado agudo, reduzca el tono y llévelo a un rango que le resulte cómodo. O si la altura tonal de la nota es muy baja y a usted le resulta difícil e incómodo producirla, también la puede llevar a un rango más elevado. Haga lo que sea necesario para mantenerse dentro de su zona de bienestar.

En el próximo capítulo, presentaremos una técnica más integral en la que se utilizan sonidos para despertar los chakras y hacerlos entrar en resonancia.

6

LAS VOCALES
SAGRADAS

EN LAS ESCUELAS DEL MISTERIO orientales y occidentales, se conoce desde hace miles de años el poder y el carácter sagrado de las vocales. Se dice que el conocimiento de la resonancia de los sonidos vocálicos sagrados con los centros de energía del cuerpo data del Egipto antiguo.

En el sufismo, el sendero místico del Islam, se entiende que las vocales son atributos divinos. En la cábala, se considera que los sonidos vocálicos son las vibraciones del Cielo, mientras que las consonantes contienen la energía de la Tierra. La comunicación es posible mediante la combinación de los dos. Muchos cabalistas creen que el verdadero nombre sagrado de Dios solo se compone de sonidos vocálicos.

Definitivamente tiene sentido que, si la comprensión de los chakras se remonta a las antiguas escuelas del misterio y si aproximadamente en la misma época existía una comprensión de las vocales como sonidos sagrados, lo más probable es que también existiera el conocimiento de cómo utilizar las vocales para hacer que los chakras entraran en resonancia.

En el capítulo anterior descubrimos que el sonido "ah" es una poderosa herramienta para hacer que el centro del corazón entre en resonancia. Como se mencionó, en muchas tradiciones se considera que "ah" es una "sílaba de simiente sagrada", uno de los sonidos primordiales de la manifestación. Además, es simplemente un sonido vocálico. En ese sentido, es un sonido con el que trabajamos en muchos grupos distintos; es fácil de producir y trasciende cualquier tabú religioso.

Como se indicó anteriormente, en su investigación inicial, Jonathan encontró muy diversos sistemas de tonos y frecuencias utilizados por distintas personas para equilibrar y alinear los chakras. Esos sistemas no coincidían necesariamente entre sí. Teniendo esto en cuenta, fue que Jonathan ideó la fórmula "Frecuencia + Intención = Sanación".

Sin embargo, encontró maestros que utilizaban sonidos vocálicos muy similares entre sí para hacer que los chakras entraran en resonancia. Le pareció que, si bien había una diferencia sustancial en las frecuencias y tonos que se encontraban en los distintos sistemas de resonancia de los chakras, era necesario explorar la similitud de los sonidos vocálicos para hacer resonar los chakras. Y había otra relación entre el sonido y el organismo humano que también se debía examinar: la relación del cuerpo humano, y posiblemente los chakras, con la altura tonal. La altura tonal es el término subjetivo que se correlaciona con la frecuencia. Por ejemplo, percibimos el nivel relativo de "agudos" o "bajos" de un sonido en términos de su altura tonal.

Los sonidos graves intensos hacen resonancia con la parte inferior del cuerpo, los sonidos de rango medio, con la parte superior del cuerpo, y los sonidos más agudos, con la cabeza. Todo el que haya entrado alguna vez en un club nocturno donde tocan música con sonido retumbante sabe que la zona de alrededor y abajo de la barriga comienza a vibrar con los sonidos graves intensos.

⊠ Experimentar la altura tonal

Usted puede experimentar la relación existente entre la altura tonal y su cuerpo si produce ciertos sonidos. Busque un lugar cómodo donde pueda sentarse a practicar los sonidos sin que nadie lo moleste. Esto es importante porque muchas veces es necesario concentrar la atención en los sonidos que vamos a crear para poder sentirlos. También es bueno mantener la espalda lo más recta posible cada vez que haga ejercicios de entonación de sonidos.

Experimentemos por un momento.

1. Comience respirando lenta y profundamente.
2. Luego, muy suavemente, produzca el sonido "uuu" más bajo que sea capaz de emitir. Hágalo tres veces y fíjese en cómo se siente. ¿En qué parte del cuerpo lo sintió? Lo más natural es que sienta el sonido vibrar en la garganta.
3. Repita el sonido "uuu". ¿Qué percibe? ¿Alguna vibración provocada por ese sonido en alguna otra parte del cuerpo?

    A algunas personas les ayuda poner las manos suavemente sobre el estómago al producir ese sonido. Tal vez sienta un cosquilleo o una leve vibración en la zona de la barriga. Recuerde que no tiene que ser un sonido fuerte; simplemente deje que salga con suavidad en su aliento y prodúzcalo como un sonido dirigido al interior. Muchos pueden sentir las vibraciones que el sonido "uuu" les produce en la parte baja del cuerpo. En un inicio, algunas personas pueden tener dificultad para sentir algún efecto, pero eso es natural, como hemos mencionado. Mientras más trabaje con el sonido, más fácil le resultará sentir las vibraciones en distintas partes del cuerpo.
4. Seguidamente, produzca un sonido "ah" de rango medio, más o menos como el que hizo en el capítulo anterior. Produzca ese sonido de rango medio tres veces y fíjese en lo que siente. ¿Qué percibe? ¿Dónde hizo resonancia ese sonido?

    Podría colocarse las manos levemente sobre el centro del pecho para comprobar si nota alguna sensación o vibración en esa zona. Por supuesto, se percatará de esas vibraciones en la garganta, pero fíjese en su estado para sentir el sonido también en el pecho.
5. Por último, produzca el sonido "iii" más agudo que pueda. Recuerde no esforzarse excesivamente. ¿Qué percibe esta vez?

    En el caso de los hombres, lo mejor sería entonar cómodamente el sonido en falsete, si pueden hacerlo. A veces es útil añadir un sonido "nnn", y así entonar "nnniii". Esta nasalización podría ser útil para amplificar el sonido y llevar su vibración a la cabeza.

    Coloque suavemente los dedos sobre las sienes y la parte de arriba de la cabeza mientras produce ese sonido. ¿Siente alguna vibración en la cabeza al hacerlo?

Los cantantes profesionales, particularmente los que tienen formación operística y clásica, pueden confirmarle que hay una gran diferencia entre la voz proveniente del cuerpo y la proveniente de la cabeza, y se les enseña a cantar de las dos maneras. Mencionamos esto simplemente para señalar que, independientemente del misticismo y esoterismo del sonido, existen distintas alturas tonales que hacen resonar distintas partes del cuerpo físico. Tal vez las alturas tonales no sean las mismas para todos, pero los sonidos de tono grave hacen vibrar la parte inferior del cuerpo, los sonidos de rango medio hacen vibrar la parte media y superior del cuerpo y los de tono agudo hacen resonancia con la cabeza.

⊠ ⊠ ⊠

TRABAJO CON LAS VOCALES COMO MANTRAS

Cuando Jonathan comprendió esto, empezó a combinar los sonidos vocálicos con diferentes alturas tonales para determinar si hacían resonancia con distintas partes del cuerpo. En sus lecturas sobre patologías del habla había descubierto que distintos sonidos vocálicos hacen vibrar naturalmente distintas partes del cuerpo. ¿Qué pasaría si se combinaran las alturas tonales con esos sonidos vocálicos específicos? ¿Se amplificaría esa resonancia y se produciría un efecto perceptible? Así fue efectivamente. Si se podían hacer resonar las distintas partes del cuerpo físico por medio de una combinación de sonidos vocálicos y cambios de altura tonal, quizás también se podrían hacer resonar con esas alturas tonales los chakras relacionados con partes específicas del cuerpo. Esa idea dio pie a la creación de un ejercicio denominado "las vocales como mantras". En realidad, gran parte de ese trabajo se basa en materiales antiguos con los que muchos de los colegas de Jonathan también trabajaban. Él se limitó a aclarar determinados sonidos vocálicos en relación con los chakras y popularizó ese ejercicio a través de sus escritos y grabaciones.

Antes de empezar, debemos hacer algunas advertencias. Al trabajar con sonidos de creación propia, siempre es importante producirlos en un lugar cómodo donde nadie moleste. Recuerde respirar profunda y lentamente antes, durante y después de entonar los sonidos. Al hacerlo, asegúrese de crear un sonido apacible y cómodo y de no hacer ningún esfuerzo excesivo con la voz. No es necesario producir sonidos fuertes para conseguir cambios de frecuencia. Como siempre, recuerde mantenerse en silencio al final del ejercicio para que el sonido penetre, permitiendo que ocurran cambios desde sus cuerpos sutiles hasta su cuerpo físico.

⊠ Las vocales como mantras

Primer chakra

Comience con el sonido "uh" (entre "o" y "u"), lo más grave que sea capaz de producirlo. Concentre la atención en el primer chakra, situado en la base de la columna vertebral. Visualice el color rojo en ese chakra. Cierre los ojos mientras produce ese sonido. Concentre la atención en la parte inferior del cuerpo y proyecte la intención de modo que pueda visualizar y sentir cómo el sonido hace resonancia entre los genitales y el ano. Al hacerlo, cobre conciencia de que el centro energético asociado con esa área también entra en resonancia y se equilibra y alinea mediante sus sonidos. Repita siete veces ese sonido entre "o" y "u".

Segundo chakra

Después concentre la atención en el segundo chakra (sacro), situado aproximadamente a ocho centímetros por debajo del ombligo. El sonido vocálico que le corresponde es "uuu". El color naranja serviría de complemento a esa visualización. Comience a entonar un sonido "uuu", un poco menos grave que el anterior sonido "uh", y de una altura tonal un tanto más elevada. Este sonido debería ser suave y apacible, al igual que todos los demás del ejercicio. Cierre los ojos y fíjese en qué parte del cuerpo hace resonancia. Centre la atención en la zona del segundo chakra y proyecte el sonido hacia allí. Mientras se produce la resonancia con el segundo chakra, sienta cómo ese centro de energía se equilibra y alinea con el primero. Repita siete veces el sonido "uuu".

Tercer chakra

El tercer chakra está situado en torno al ombligo y por esa razón suele denominarse chakra del ombligo. El sonido que le corresponde es "oh". Comience a entonar muy suavemente ese sonido "oh" con el rango medio de su voz. El color amarillo servirá de complemento a esta visualización. Su altura tonal debería ser un tanto más elevada que la del último chakra. Cierre los ojos y fíjese en qué parte del cuerpo hace resonancia. Luego centre la atención en el ombligo y proyecte el sonido hacia allí. Mientras se produce la resonancia con esa zona, sienta cómo ese centro de energía se equilibra y alinea con los otros. Repita siete veces el sonido "oh".

Cuarto chakra

El sonido vocálico correspondiente al chakra del corazón (cuarto chakra), situado en el centro del pecho, es "ah". Es un sonido que solemos producir cuando estamos enamorados, pues el chakra del corazón es el centro vinculado con el amor. Si desea añadir un color que sirva de complemento a esta visualización, el verde o el rosado serían los más indicados. Comience a entonar muy suavemente el sonido "ah" de rango medio, con una altura tonal más elevada que el sonido del último chakra. Tome conciencia de la parte de su cuerpo donde hace resonancia. Luego concentre la atención en el chakra del corazón y proyecte el sonido hacia allí. Mientras se produce la resonancia con el centro del corazón, sienta cómo ese centro de energía se equilibra y alinea con los otros. Repita siete veces el sonido "ah".

Quinto chakra

El sonido vocálico correspondiente al chakra de la garganta (quinto chakra), es "ai". El azul claro serviría de complemento a este sonido. Comience a entonar suavemente el sonido "ai", cuya altura tonal es también más elevada que la del sonido correspondiente al último chakra. Tome conciencia de la parte de su cuerpo donde hace resonancia. Luego concentre la atención en el chakra de la garganta y proyecte el sonido hacia allí. Mientras se produce la resonancia con el chakra de la garganta, sienta cómo ese centro de energía se equilibra y alinea con los otros. Repita siete veces el sonido "ai".

Sexto chakra

El sonido vocálico correspondiente al tercer ojo (sexto chakra) es "ei", y este chakra está situado en medio de la frente, un poco más arriba del espacio que separa los ojos. El índigo es un color que funciona bien con ese sonido. Comience a entonar suavemente el sonido "ei", con una altura tonal más elevada que la del sonido correspondiente al último chakra. Cierre los ojos mientras produce ese sonido y fíjese en qué parte del cuerpo hace resonancia. Luego concentre la atención en ese chakra y proyecte el sonido hacia la zona del tercer ojo. Mientras se produce la resonancia con el tercer ojo, sienta cómo ese centro de energía se equilibra y alinea con sus otros chakras. Repita siete veces el sonido "ei".

Séptimo chakra

El sonido vocálico correspondiente al chakra de la coronilla (séptimo chakra), situado en la parte superior de la cabeza, es el sonido "iii" más agudo que sea capaz de producir. Un color que serviría de complemento a este chakra es el púrpura. Comience a entonar el sonido "iii" más agudo posible. En el caso de los hombres, suele ser útil tratar de producirlo en falsete, pero con un sonido suave y apacible. Cierre los ojos y fíjese en qué parte del cuerpo hace resonancia. Ahora concentre la atención en el centro de la coronilla y proyecte el sonido hacia esa zona. Mientras el sonido produce resonancia con el chakra de la coronilla, sienta cómo ese centro de energía se equilibra y alinea con los otros. Repita siete veces el sonido "iii".

Al terminar este ejercicio (que toma unos veinte minutos), recuerde mantener un período de silencio. Tal vez se sienta aturdido, pero eso es de esperarse. Ha hecho ejercicios para entonar sonidos, hacer resonar y equilibrar sus chakras. La energía ha ascendido por la columna vertebral hasta la cabeza y más allá. Durante los seminarios, les decimos a los participantes que aprovechen esa oportunidad de silencio para tener la experiencia que más beneficiosa les resulte en este momento particular de su desarrollo espiritual. Siéntese a meditar y disfrute de esa experiencia. Dedique por lo menos de diez a quince minutos a la meditación.

Después de esta meditación, regrese lentamente a su cuerpo y conéctese a tierra. Hágalo en dos pasos sencillos: (1) Entone tres veces

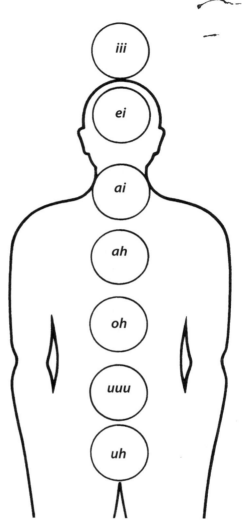

Fig. 6.1. Los siete chakras con sus correspondientes sonidos vocálicos

un sonido "ah" de rango medio, respirando lentamente y trasladando la energía hacia el área del corazón; y luego (2) entone tres veces el sonido "uh" más grave posible, volviendo a transferir la energía al chakra de base.

⊠ ⊠ ⊠

Este ejercicio puede tomar aproximadamente desde treinta minutos hasta una hora, si la meditación ha resultado buena. Para muchas personas, es una experiencia poderosa y transformativa. Esto se aplica no solamente durante la entonación, cuando hace resonancia, equilibra y alinea sus chakras con sonidos sagrados, sino después, mientras realiza travesías interiores y meditaciones. En los seminarios, algunas personas alcanzan un estado de dicha cuando regresan al cuerpo después de las meditaciones.

Este ejercicio contribuye a poner en evidencia el poder del sonido. El sonido puede tener el efecto de una sustancia psicoactiva, pues altera y aumenta la conciencia. Sin embargo, a diferencia de las sustancias psicotrópicas, lo maravilloso del sonido es que es natural y se puede controlar. El sonido solo le permitirá ir a lugares que usted esté preparado para experimentar. En otras palabras, por ser natural y manifestado por usted mismo, es seguro. Casi siempre propicia experiencias benévolas, dichosas o hermosas. Esa es la maravilla de los sonidos sagrados producidos por uno mismo. La creación proviene de usted y, vaya a donde vaya o haga lo que haga, siempre estará guiado por su sabiduría interior. Si necesita detener la experiencia, simplemente abra los ojos, respire varias veces, e inmediatamente volverá a la conciencia normal.

De los miles de personas con quienes hemos trabajado utilizando sonidos sagrados, ninguna ha tenido efectos adversos. Durante los seminarios, la única queja que hemos escuchado de los participantes es que los hemos vuelto a traer a la realidad demasiado pronto, pues la estaban pasando muy bien. Siempre les recordamos que pueden volver al lugar o al estado en que se encontraban en cualquier momento que deseen si utilizan la práctica de las vocales como mantras.

DESE TIEMPO PARA ASIMILAR LA EXPERIENCIA

Volvemos a recordarle que, al hacer este ejercicio, especialmente la primera vez, debe darse suficiente tiempo para disfrutar los beneficios que se derivan de esta práctica de entonación. Hágalo en un entorno seguro donde nadie lo moleste. Se recomienda que se siente en una butaca cómoda o en el piso, pero nunca lo haga de pie ni en un automóvil. Después de la meditación, dese tiempo para relajarse e integrar la experiencia cuando se haya conectado a tierra. Sobre todo la primera vez, no se apresure a recoger a los niños en la escuela ni a entrar en una reunión de trabajo. Debe darse tiempo. Mientras más practique estos mantras, más comprenderá lo poderosos que son y cómo integrarlos en su vida.

7

LOS MANTRAS DE LAS *BIJAS*

EL TÉRMINO *MANTRA* PROVIENE DEL SÁNSCRITO y se puede traducir como "pensamientos que nos liberan del *samsara,* el mundo de las ilusiones". Los mantras también se refieren a la ciencia mística del sonido y la vibración. El adepto escucha o recita mantras con distintos fines: alcanzar diferentes estados de conciencia, crear resonancia con atributos específicos de la energía divina, o manifestar distintas cualidades, desde producir resonancia con los chakras hasta personificar la compasión.

Los mantras son "palabras de poder". Se encuentran en todas las tradiciones sagradas, con inclusión del judaísmo y el cristianismo. El "avemaría" y el "amén" en la tradición cristiana o el "shema" y el "shalom" en la tradición hebrea son equivalentes a los mantras, como también lo es cualquier repetición de plegarias, cánticos o sonidos sagrados. El equivalente del mantra en la tradición sufí islámica se denomina *wazifa*. Las oraciones, cánticos y sonidos sagrados de los aborígenes norteamericanos y otros pueblos indígenas también se pueden considerar mantras. De hecho, no hay ninguna tradición espiritual en la que no exista la recitación de sonidos sagrados o cánticos.

Entre los hindúes hay miles de mantras. Los mantras se han estudiado desde el punto de vista científico y cada uno es diferente, con su singular propósito e intención. Algunos fueron concebidos para otorgar al recitador poderes específicos, conocidos como *siddhis*. Otros se concibieron para invocar energías o deidades específicas y unir al recitador con esas deidades. También hay otros tipos de mantras que hacen que los chakras del recitador entren en resonancia y se activen. Su principio de funcionamiento es similar al principio en que se basa la sanación mediante el sonido.

CÓMO FUNCIONAN LOS MANTRAS

Según Swami Visnú Devananda en *Meditación y mantras* (Alianza Editorial, 2005), "todo en el universo vibra en longitudes de onda específicas, que se pueden manipular. Por ejemplo, cuando se alcanza una altura tonal suficientemente alta con el violín, es posible romper el vidrio. Los distintos mantras, aunque todos son igual de eficientes, vibran en distintas longitudes de onda".

En teoría, si una persona repite un mantra una y otra vez, podrá volver a armonizar su resonancia (o condicionarse mediante la inducción con la energía del mantra), de modo que, en última instancia, el uso del mantra hace que uno entre en resonancia con la deidad o fuerza particular con la que está alineado el mantra. Es como si fuesen fórmulas sónicas. Del mismo modo que las fórmulas químicas pueden crear elementos particulares mediante la adición de distintas sustancias, cada mantra puede crear una forma de onda o energía sónica específica. Al hacer resonancia con una deidad o fuerza, la persona asume las cualidades correspondientes. De este modo, la utilización de los mantras puede contribuir a la unión con un dios, la iluminación, o quizás la obtención de grandes poderes y habilidades (*siddhis*).

LAS *BIJAS*: SONIDOS ELEMENTALES

En este capítulo trabajaremos con un tipo de mantra concebido para equilibrar y alinear los chakras. Su forma más básica es el mantra de las *bijas*. El término *bija* significa "semilla" o "simiente". Las *bijas*, o sonidos raíz, son los elementos sonoros más sencillos en la lingüística, que reciben el nombre de morfemas.

En las pinturas e ilustraciones hindúes, los chakras suelen

Fig. 7.1. El chakra de la garganta: la flor está rodeada por los pétalos de la bija susurrada. En el centro está la bija cantada.

representarse con aspecto de flor. Cada flor tiene distinto número de pétalos, en representación de los diferentes chakras. Dentro de cada pétalo hay líneas ondulantes que en realidad son letras del alfabeto sánscrito, el cual tiene cincuenta caracteres. Esas letras son las distintas *bijas,* algunas de las cuales se asignan a los diferentes chakras.

Para la tradición hindú esas letras del alfabeto son sagradas y constituyen la fibra de la existencia. Los cincuenta sonidos básicos de las *bijas* componen las diversas longitudes de onda que crean la forma en el mundo físico.

Las *bijas* se entonan en silencio o en un susurro. Dentro de todo el conjunto de *bijas* (el alfabeto hindú) hay un subconjunto de sonidos; se trata de *bijas* particulares cantadas en voz alta para que hagan resonancia con los chakras. Son los mantras de las *bijas* con los que trabajaremos en este capítulo.

No olvide que las cincuenta letras del sánscrito son muy poderosas al pronunciarlas. Para los que tengan interés en aprenderlas, hay muchos libros excelentes sobre el tema, con inclusión de la obra de John Beaulieu *Música, sonido y curación* (Ediciones Índigo, 1994) y *Kundalini: Yoga for the West [Kundalini: Yoga para los occidentales],* por Swami Sivananda Radha (Shambhala, 1978). Los mantras de las *bijas* cantadas son una herramienta sónica excelente y fácil de aprender que puede crear transformación y cambio. Nos pareció más sencillo aprender a cantar siete mantras de una sola sílaba que cincuenta mantras. Hasta ahora no hemos considerado necesario trabajar con las cincuenta *bijas*, pero alentamos a todo el que esté interesado a que lo haga.

EL OM

Concentrémonos en el sonido "om", el mantra de las *bijas* más conocido y utilizado. Sin duda, en cualquier momento hay alguien en algún lugar entonando ese sonido. El "om" se considera uno de los sonidos vocálicos más antiguos que existen; muchos especulan que se ha utilizado en cánticos por miles y miles de años. En la tradición hindú, se considera que es el sonido original y primordial, el mantra a partir del cual se manifestó por primera vez el universo y toda la creación.

En sánscrito, se dice que el "om" es la combinación de lo masculino y lo femenino, la representación de la unidad. Aunque se pronuncia "om", algunos expertos en sánscrito señalan que la forma correcta de escribirlo es *AUM*; en todo caso, muchos consideran que las dos palabras son intercambiables. Se dice que "om" contiene todos los sonidos. Swami Sivananda Radha ha dicho en su libro *Mantras* (Gulaab, 2012): "El sonido cósmico *AUM*, o su forma condensada, *OM*, es el origen de todos los demás sonidos. *OM* lo es todo. Es el nombre de Dios".

El sonido "om" puede entenderse de varias formas distintas. Una de ellas es que su forma oral ("om") o su forma escrita (*AUM*) representa los atributos de la trinidad principal de los dioses hindúes: Brahma, Visnú y Shiva. La entonación del sonido "A" representa la energía de Brahma, el creador y el proceso de la creación. La parte intermedia del sonido, la "U", representa la energía de Visnú, el que preserva, y está relacionada con la idea de mantener y preservar todo lo que se ha creado. La "M" final representa la energía de Shiva, el que transforma, y está relacionada con la energía vital transformativa necesaria para modificar o cambiar lo que ha sido creado y preservado.

Otra forma de entender el *OM* o el *AUM* es que la "A" representa el plano físico, la "U" los planos mental y astral, y la "M" todo lo que va más allá del alcance del intelecto. *OM* o *AUM* es la sílaba inicial con la que comienzan casi todos los mantras. Así pues, *OM* representa lo infinito, la Mente Única, la conciencia que lo abarca todo, la esencia de la existencia.

En el budismo tibetano, el "om" (*AUM*) representa distintos aspectos de la trinidad del cuerpo, el habla y la mente del Buda. La "A" representa el cuerpo, la "U" representa el habla y la "M" representa la mente. El hecho de entonar el sonido *AUM* de esta manera hace que el sujeto se ponga en resonancia con esas cualidades.

Mediante la intención, "om" puede convertirse en un mantra multipropósito capaz de hacer que todos los chakras entren en resonancia, se alineen, limpien las energías desequilibradas y purifiquen el yo. Si se entona con sinceridad y devoción, la vocalización del "om" puede hacer que el sujeto entre en contacto con la fuente de toda la creación, con lo que se establece un puente entre las dimensiones espiritual y física y se abre el camino al contacto inspirador con los reinos y los seres superiores.

Como sonido, "om" simboliza la fuente suprema y, para muchos, es sinónimo de la energía de la paz. "Om" es la raíz de muchas palabras sagradas de distintos idiomas, incluido el "amén" cristiano y el "shalom" hebreo que, entre otras cosas, significa "paz". El "om" inspira paz y tranquilidad al escucharlo, y sobre todo cuando se canta.

Por supuesto, no es necesario conocer esos detalles antes de entonar el "om", pero pensamos que sería de interés para el lector compartir algunos conocimientos al respecto. Este material es simplemente una síntesis y resumen de la información sobre el "om", pero el tema daría para un libro.

En todos los sistemas de sonidos, parece haber muchas variaciones, y esto se aplica también a la entonación de los mantras de las *bijas*. En realidad, en muchas de las versiones más tradicionales no hay ninguna *bija* cantada para el centro de la coronilla; en lugar de ello, el sujeto medita sobre el silencio de ese chakra (*bijas* silenciosas o susurradas). No obstante, en nuestro trabajo hemos encontrado que la siguiente versión, que utiliza siete mantras de *bijas* cantadas (una *bija* por cada chakra) resulta extremadamente eficaz para la resonancia de los chakras. Al igual que muchos otros practicantes, incluido el Dr. Deepak Chopra, hemos utilizado con éxito esa versión de siete bijas cantadas.

Los otros mantras de las *bijas* son: *LAM, VAM, RAM, YAM, JAM* y *SHAM*. Se utilizan, respectivamente, desde el primer hasta el sexto chakra, y luego se utiliza *OM (AUM)* para el séptimo chakra. Antes de comenzar el ejercicio con los mantras de las *bijas*, quisiéramos tratar el tema de la pronunciación de estos sonidos y de cuál creemos que debería ser el enfoque vibratorio principal en relación con esos sonidos.

PRONUNCIACIÓN ADECUADA DE LAS *BIJAS*

Muchos preguntan si hay una pronunciación específica de "om" que sea la correcta. ¿Se dice *OM* o *AUM*, u otra cosa totalmente distinta? En realidad, no parece haber una pronunciación exacta que sea la más correcta. Según el país, el idioma o el dialecto, el sonido "om" se puede pronunciar *AUM, UM, UNG, ANG* y *ONG*, entre otras formas. *AUM* también se puede entonar como una palabra de tres sílabas (pronunciando "*ah-oh-um*"). En todo caso, la resonancia y los efectos de este mantra parecen ser similares a pesar de las diferencias de pronunciación. Por supuesto, todo depende de la intención de la persona que crea el sonido.

Esto también se aplica a los demás mantras de las *bijas*. Tanto *LAM*, como *VAM, RAM, YAM, JAM* y *SHAM* presentan variaciones en la forma de entonar sus sonidos. *LAM* puede pronunciarse *LUM, LANG* (dando un tono nasal al sonido "ng") o *LUNG*.

Las mismas variaciones se aplican a los otros sonidos. No hemos encontrado gran diferencia en relación con los sonidos una vez que se producen. Lo que sí parece importante, por ejemplo, es que si uno opta por pronunciar *LAM* como *LANG*, deberá tratar de pronunciar todos los demás mantras de las *bijas* de forma similar: De ese modo, *VAM* se pronunciaría *VANG* y no *VAM, VUM* ni *VUNG; RAM* se pronunciaría *RANG*, y así, sucesivamente.

En el ejercicio con los mantras de las *bijas*, pronunciaremos los mantras de la misma forma en que se escriben, y articularemos bien cada letra, por ejemplo, *LAM* se pronunciará *LL-AA-MM*. Posteriormente, cuando presentemos las instrucciones para este ejercicio, también indicaremos la pronunciación fonética del mantra de las *bijas*.

Antes de comenzar, deseamos afirmar el poder de los mantras de las *bijas.* Estos sonidos son muy antiguos y han sido utilizados con eficacia durante miles de años por millones de personas para hacer resonancia con sus chakras. Su utilidad está más que demostrada. Personalmente, hemos tenido gran éxito en el trabajo con los mantras de las *bijas* en nuestros seminarios.

ALARGAMIENTO DE LAS CONSONANTES

Desde el punto de vista lingüístico, hemos observado que la única diferencia entre los mantras de las *bijas* parece ser la consonante con la que comienza cada sonido. Aparte de eso, son esencialmente iguales. En consecuencia, diríamos que el poder diferenciador de los mantras de las *bijas* puede radicar en la consonante inicial. Hemos consultado a varios adeptos que coinciden con nosotros. Al cantar esos mantras, debe alargarse la consonante inicial. Cuando entonamos esas sílabas simientes, por lo menos la tercera parte del sonido (llegando a ser incluso la mitad de cada respiración y, por lo tanto, del sonido) se dedica a la creación de esa primera consonante.

Por ejemplo, en el caso de "lam", si toma ocho segundos entonar la sílaba completa, de ese tiempo, tres o cuatro segundos se invierten en producir el sonido "llll" y los cuatro segundos restantes se dividen por partes iguales entre los sonidos "ah" y "mm". Si fuéramos a escribir la pronunciación fonéticamente, quedaría más o menos así: *LLLLLLLL-AAAH-MMMM.*

Por supuesto, siempre se encontrarán escuelas y maestros que dirán (1) que la única pronunciación correcta de "lam" es "lang"; o (2) que el énfasis debería ser en el último sonido ("ng"), por lo que se debería pronunciar *L-AH-NNNNNNNGGGGGG.* Cuando entone los mantras de las *bijas*, utilice lo que mejor resultado le dé. Si le parece, pruebe primero con nuestra pronunciación y luego experimente con las otras o, si lo atrae otra pronunciación, utilícela. Insistimos una vez más en que la clave es la fluidez.

Hay muchas variaciones distintas de la altura tonal que se pueden aplicar al entonar los mantras de las *bijas*. En capítulos posteriores, experimentaremos con esas variaciones (y con las variaciones de la altura tonal utilizando las vocales sagradas). No obstante, de momento y para este ejercicio, le sugerimos que busque una nota que le resulte cómoda y proceda a entonar cada mantra de las *bijas* con esa nota.

En la India, donde millones de personas cantan las *bijas* cada día, la mayoría de los recitadores lo hacen en un solo tono, sin nunca cambiar la altura tonal. En el capítulo anterior, cuando experimentamos con las vocales sagradas, cambiamos la altura tonal para sentir la resonancia en el cuerpo y en los chakras. En este capítulo nos mantendremos en la misma altura tonal para demostrar otro aspecto de la resonancia de los chakras. Cuando tenga deseos de experimentar, puede probar con otras variaciones. Aprender a mantener la fluidez con los sonidos es una parte importante del tantra y de la comprensión del poder del sonido.

Al trabajar con sonidos de creación propia, le recordamos una vez más la importancia de buscar un lugar cómodo donde nadie lo moleste. Recuerde respirar profunda y lentamente antes, durante y después de entonar los sonidos. Al hacer estos ejercicios, asegúrese de crear un sonido apacible y cómodo, y de no hacer ningún esfuerzo excesivo con la voz. Como siempre, no es necesario producir sonidos fuertes para conseguir cambios de frecuencia, y recuerde mantenerse en silencio al terminar el ejercicio.

⊠ *Ejercicio con los mantras de las bijas*

Primera *bija*

Comenzamos con el chakra raíz y el mantra "lam". Entone el mantra, *LLLLLLL-AAAH-MMMM*, con una altura tonal cómoda. Concentre la atención en el chakra situado en la base de la columna vertebral. Si desea añadir la visualización de un color a este ejercicio, utilice el color rojo. Cierre los ojos mientras produce ese sonido. Concentre la atención en la parte más baja del tronco y proyecte la intención de modo que visualice que el sonido produce resonancia con el chakra raíz. Sienta las vibraciones que el sonido produce en esta zona y, mientras esto ocurre, cobre conciencia de que ese centro de energía entra en resonancia y se equilibra y alinea por medio del sonido sagrado. Emita siete veces el sonido "lam".

Segunda *bija*

Ahora concentre su atención en el segundo chakra situado a unos ocho centímetros por debajo del ombligo. El mantra de las *bijas* correspondiente a este chakra es "vam" (que se pronuncia *VVVVVVV-AAA-HMMMM*). Un color que complementaría la visualización correspondiente a este chakra es el naranja. Comience a entonar el sonido "vam" con una altura tonal cómoda. Cierre los ojos y fíjese en qué parte del cuerpo está haciendo resonancia ese sonido. Luego concentre la atención en el segundo chakra y proyecte el sonido hacia allí. Mientras se produce la resonancia con el segundo chakra, sienta cómo ese centro de energía se equilibra y alinea con el chakra anterior. Emita siete veces el sonido "vam".

Tercera *bija*

El mantra de las *bijas* correspondiente al tercer chakra, situado en el ombligo, es "ram" (que se pronuncia *RRRRRRR-AAAH-MMMM*). El color amarillo complementa su visualización. Comience a entonar muy suavemente el sonido "ram". Fíjese en qué parte del cuerpo está haciendo resonancia. Luego concentre la atención en el tercer chakra y proyecte el sonido hacia allí. Mientras se produce la resonancia con esa zona, sienta cómo ese centro de energía se equilibra y alinea con los otros chakras. Repita siete veces el sonido "ram".

Cuarta *bija*

El mantra de las *bijas* correspondiente al cuarto chakra, el centro del corazón situado en el centro del pecho, es "yam". Si desea añadir un color para complementar ese sonido, utilice el verde. Nos parece que lo más fácil es añadir "iii" antes de la Y para poder alargar ese sonido, de modo que la pronunciación sea "iiiiii-yaaa-mmm". Comience a entonar esa *bija* de la misma forma cómoda que ha estado utilizando. Fíjese en qué parte del cuerpo está haciendo resonancia ese sonido. Luego concentre la atención en el chakra del corazón y proyecte el sonido hacia allí. Mientras se produce la resonancia con el centro del corazón, sienta cómo ese centro de energía se equilibra y alinea con los otros chakras. Repita siete veces el sonido "yam".

Quinta *bija*

Ahora concentre su atención en el quinto chakra, situado en la garganta. El mantra de las *bijas* correspondiente a este chakra es "jam". Un color que complementa este sonido es el azul celeste. Consideramos que a veces resulta un tanto difícil alargar el sonido J a menos que se produzca de forma aspirada y muy suave, de modo que al principio prácticamente no se escuche otra cosa que la respiración y se aumente su volumen gradualmente. Se pronuncia *JJJJJJ-AAA-MMM*. Comience a entonar este mantra. Fíjese en qué parte del cuerpo está haciendo resonancia. Ahora concentre su atención en el chakra de la garganta y proyecte el sonido hacia allí. Mientras se produce la resonancia con el chakra de la garganta, sienta cómo ese centro de energía se equilibra y alinea con los otros chakras. Repita siete veces el sonido "jam".

Sexta *bija*

Ahora concentre su atención en el sexto chakra, que suele conocerse como el tercer ojo, situado en medio de la frente, un poco más arriba del espacio que separa los ojos. El mantra de las *bijas* correspondiente a este chakra es "sham". Su pronunciación es *SSSSHHH-AAAH-MMMM*. Uno de los colores que funciona bien con este chakra es el índigo. Comience a entonar el sonido con la misma nota cómoda que ha utilizado en todo este ejercicio. Cierre los ojos mientras lo produce y fíjese en qué parte del cuerpo está haciendo resonancia. Luego concentre la atención en ese chakra y proyecte el sonido hacia allí. Mientras se produce la resonancia con el tercer ojo, sienta cómo ese centro de energía se equilibra y alinea con los otros chakras. Repita siete veces el sonido "sham".

Séptima *bija*

El mantra de las *bijas* correspondiente al chakra de la coronilla, situado en la parte superior de la cabeza, es "om". En este ejercicio, simplemente pronunciamos *OOOOOHHH-MMMM*. Un color que se utiliza en este caso es el púrpura. Comience a entonar el mantra "om" con un tono de voz que le resulte cómodo. Cierre los ojos y fíjese en qué parte del cuerpo está haciendo resonancia. Luego concentre la atención en el centro de la coronilla y comience a proyectar el sonido hacia allí. Mientras se produce la resonancia con el chakra de la coronilla, sienta cómo ese centro de energía se equilibra y alinea con todos los demás. Entone siete veces el mantra "om".

Ahora manténgase en silencio.

Cuando sienta que ha culminado la meditación, tome todo el tiempo que necesite para volver a conectarse a tierra.

⊠ ⊠ ⊠

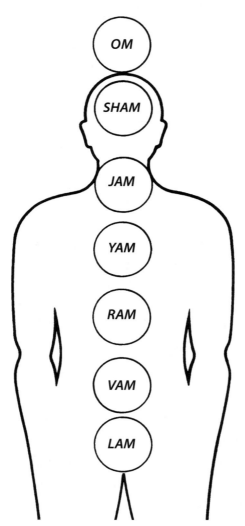

Fig. 7.2. Diagrama de los mantras de las bijas en relación con los siete chakras

Al igual que el ejercicio anterior (el de las vocales como mantras), el ejercicio con los mantras de las *bijas* toma aproximadamente veinte minutos. Tal vez al final se sienta un poco aturdido. Le sugerimos que aproveche esa oportunidad para quedarse sentado en silencio todo el tiempo que quiera, y tenga la experiencia que le resulte de mayor beneficio en ese momento particular de su desarrollo espiritual. Sentado, trate de alcanzar un estado de meditación y disfrutar la experiencia. Ha realizado ejercicios para hacer que los chakras vibren, entren en resonancia y se equilibren a medida que la energía asciende por la columna vertebral hasta la cabeza y más allá. Dedique a esta meditación por lo menos de diez a quince minutos y asegúrese de lograr una buena conexión a tierra.

Como sucedió con las vocales del último capítulo, este ejercicio de los mantras de las *bijas* con meditación podría requerir de treinta minutos a una hora. Puede ser una experiencia poderosa y transformativa.

Al hacer este ejercicio con los mantras de las *bijas,* dedique suficiente tiempo para disfrutar los beneficios que se derivan de él. Esto es particularmente válido la primera vez que lo intente. Haga el ejercicio en un entorno seguro donde nadie lo moleste, y dedique suficiente tiempo después de la meditación para relajarse e integrar la experiencia cuando se haya vuelto a conectar a tierra.

En la próxima sección de *Las frecuencias de los chakras* presentaremos más ejercicios y experiencias sonoras que podrá utilizar por su propia cuenta o compartir con una pareja o compañero. Esos sonidos, y la manera en que logre entrar en resonancia con ellos utilizando su intención y visualización, constituyen la base de muchos ejercicios tántricos tradicionales. Al familiarizarse con ellos logrará mejorar su salud y elevar su conciencia. Además, esto le ayudará con los otros ejercicios del libro. Practique con entusiasmo estos sonidos sagrados antiguos y definitivamente notará la diferencia.

TERCERA PARTE

PRÁCTICA CON SU PAREJA O UN COMPAÑERO

8

PROPÓSITO GENERAL

AL COMENZAR ESTA NUEVA SECCIÓN, dedicada a los ejercicios sonoros con una pareja o compañero, es importante hacerse ante todo la pregunta siguiente: ¿Cuál es su propósito e intención al realizar estas actividades con otra persona?

¿Su deseo es meditar juntos y hacer entrar en resonancia la conciencia de ambos? ¿O alcanzar niveles emocionales más profundos y lograr una relación de empatía entre los dos? ¿Desea utilizar estas actividades como medio de asesoramiento a fin de mejorar la comunicación y alcanzar juntos niveles de comprensión más profundos? ¿Desea mejorar la resonancia física que hay entre ambos y utilizar esos medios de vibración para intensificar su exploración del amor sagrado? ¿Busca expandir el amor, la salud y la vitalidad mutua con su pareja, o generar compasión entre ambos con fines de sanación personal y planetaria?

Estas preguntas no tienen respuestas correctas ni incorrectas. Todo el mundo es único y diferente, y también lo es cada relación. Lo más maravilloso del sonido es que puede ser beneficioso para todos los aspectos de la relación, desde la comeditación hasta la modificación de la ira y el acto de hacer el amor. El sonido los puede ayudar a conseguir cada uno de los objetivos implícitos en las preguntas anteriores, y también mucho más. Sean cuales sean sus razones para aprender este material, nos sentimos agradecidos de que se haya sumado a nosotros en este viaje a través del sonido.

Debemos hacer una advertencia: el sonido es un medio poderoso para la transformación. O sea, no cabe duda de que lo hará cambiar. Como hemos mencionado en capítulos anteriores, si bien el sonido solamente lo llevará a lugares a donde esté preparado para ir, sus experiencias en este sentido le ayudarán a profundizar sus relaciones con su pareja y consigo mismo.

De hecho, si ha ido practicando los ejercicios de los capítulos anteriores, lo más probable es que ya haya experimentado esto. Por lo tanto, seguramente ya usted es una persona diferente a lo que era antes de comenzar a trabajar con los sonidos de creación propia. En todo caso, si no ha hecho los ejercicios y se ha saltado la lectura hasta esta sección, la información siguiente le será muy útil.

CONÓCETE A TI MISMO

Sobre las puertas de Delfos, el sitio sagrado de la antigua Grecia donde el oráculo transmitía mensajes divinos a la pitonisa, rezaba lo siguiente: "¡Conócete a ti mismo!" Por supuesto, ese concepto no se limita a las enseñanzas de la antigua Grecia. Todos los filósofos y maestros espirituales de todos los tiempos han tratado de inculcar una conciencia similar en cada discípulo. Independientemente de si nos encontramos en una búsqueda espiritual o una travesía psicológica, o simplemente tratamos de hacernos mejores personas, uno de los pasos principales necesarios sería alcanzar un conocimiento más adecuado de uno mismo. La comprensión propia a un nivel profundo es importantísima y no es fácil de lograr. Aunque requiere esfuerzo y dedicación, definitivamente es posible. La autoaceptación y el amor propio son las metas finales al intentar conocerse a uno mismo. El poder del sonido puede contribuir en gran medida a este proceso.

Cuando hablamos de conocernos a nosotros mismos, no nos referimos a la percepción propia que tenemos desde el punto de vista profesional y familiar, ni a la impresión que el mundo exterior tiene de nosotros. No importa si somos médicos, abogados, chamanes o padres y madres: esas son descripciones externas de la forma en que el mundo y nosotros mismos nos percibimos. Es cierto que tales descripciones revelan muchos detalles sobre la forma en que ocupamos nuestra mente y nuestro tiempo en relación con el mundo exterior, pero no revelan casi nada acerca de nuestra verdadera esencia y conexión con la red de la vida.

¿Qué emociones entran y salen de nuestras vidas? ¿Hasta qué punto somos conscientes de ellas? ¿Sentimos felicidad, tristeza, miedo o confusión? ¿Anhelamos paz, alegría o descanso? ¿Es usted un adolescente de trece años atrapado en el cuerpo de una persona de cuarenta años? ¿Es un rayo de luz envuelto en oscuridad? Al buscar la concentración a un nivel más profundo, es posible recibir percepciones que nos ayuden a conocernos y comprendernos. Si nos conocemos a nosotros mismos, podremos alcanzar niveles de autoaceptación y paz interior que para muchos no serían más que un sueño.

Al examinar más profundamente las emociones y procesar los sentimientos, podemos comenzar a acceder a formas de experimentar intimidad y una conexión más profunda con toda la existencia. Solo podremos compartir ese amor con el prójimo si llegamos a comprender y experimentar la autoaceptación y el amor propio. Al descubrir cómo amarnos, sabremos cómo amar al prójimo.

Los ejercicios con el sonido son una herramienta valiosa que nos puede ayudar a abrirnos a esos niveles más profundos de la vida. El sonido, junto con la intención, ayuda a disolver los bloqueos que tal vez nos impiden avanzar y llegar a conocernos y amar a otros. Si comprendemos y experimentamos nuestra propia conexión con la vida mediante el poder del sonido, podremos lograr cambios y modificaciones profundas.

EL AGENTE DE ACTIVACIÓN DEL TANTRA

Cuando produce sonidos por su propia cuenta y experimenta el silencio después del sonido, lo más probable es que alcance un punto de quietud en su interior. En esa quietud, tal vez se le revele un aspecto de su propio ser. Esto es posible porque el sonido es el agente de activación del tantra, la red que lo une todo. El tantra es el campo de la unidad entre nosotros, la entrañable "Fuerza" que recordamos de la película *La guerra de las galaxias*. A medida que empiece a conocer y confiar en ese campo de unidad, comenzará a conocer y confiar no solamente en sí mismo; sino en su interconexión con toda la existencia.

Una vez que comprenda esa interconexión, podrá comenzar el proceso de entrega no solo a su propio ser, sino al aspecto divino que llevamos por dentro. Al utilizar el sonido con fines terapéuticos, uno puede empezar a deshacerse de la tendencia al control y entregarse a una fuerza superior. Una vez que conozca la existencia del tantra, la red de la vida, sabrá que hay algo más allá de lo meramente visible. Aunque usted sea cocreador de la realidad, no es realmente el creador.

Sus acciones y reacciones son interdependientes con un sinnúmero de otras acciones y reacciones sobre las que no tiene control y que no entiende muy bien. Darse cuenta de esto representa la liberación de una carga para quienes sienten la necesidad de controlar todos los aspectos de la vida. Además de ser imposible, es una ilusión que no ayuda en nada. Deshacernos de esos problemas representa una liberación en muchos sentidos: del cuerpo, la mente y el espíritu. Dado que el sonido tiene la capacidad extraordinaria de producir cambios en nosotros a muchos niveles, tal vez comience a descubrir una nueva comprensión sobre el amor y la compasión que no formaba parte de su conciencia cuando emprendió su travesía con el tantra del sonido.

LA INTEGRACIÓN DE LA ENERGÍA MASCULINA Y FEMENINA

En las tradiciones tántricas, suele suceder que la pareja es en realidad un ser interior, una contraparte sexual del aspecto divino de cada uno. Si usted es hombre, ese ser interior sería una mujer, y viceversa. Mediante las actividades tántricas como las que se presentan en este libro, las personas pueden utilizar el sonido para unir en la meditación su aspecto masculino y femenino, fundiéndose con la divinidad, con la esencia del universo y con seres divinos, como Jesucristo y María Magdalena, Shiva y Shakti, Avalokitesvara y Tara, o cualquier otra de las incontables formas divinas de energía masculina/femenina que existen en otras tradiciones. Independientemente de su sistema de creencias, hay modelos divinos de la energía masculina y femenina dispuestos a trabajar con usted para lograr el equilibrio y la conciencia superior.

9

USO DE LOS SONIDOS VOCÁLICOS CON UN COMPAÑERO

LOS CAPÍTULOS ANTERIORES se referían al trabajo con el sonido a nivel individual. A partir de ahora utilizamos dos sistemas de resonancia de los chakras: las vocales sagradas y los mantras de las *bijas*. En esta sección, los volveremos a utilizar, pero con una pareja o compañero. Esos ejercicios ofrecen métodos sencillos y eficaces de alcanzar la resonancia vibratoria con otra persona. En estos nuevos capítulos, sobre la base de los ejercicios que ya ha realizado el lector, presentamos variaciones que pueden aportar nuevas perspectivas sobre el sonido y el tantra que serán beneficiosas para su pareja y usted. El concepto de utilizar el sonido para hacer que los chakras entren en resonancia sigue siendo el mismo.

En el capítulo 6, le hicimos la sugerencia de que, al trabajar individualmente con el ejercicio de las vocales como mantras, procediera desde el sonido más grave que pudiera producir para el primer chakra hasta el sonido más agudo para el séptimo chakra. Esa forma inicial presenta un potencial extraordinario, por lo que la utilizaremos de nuevo al realizar ejercicios de entonación de sonidos con un compañero.

A estas alturas, sin duda habrá descubierto (gracias a su diligencia en la realización de los ejercicios anteriores) que mientras más practicaba, con mayor facilidad y eficacia experimentaba las resonancias del cuerpo y los chakras. Sin duda ya ha probado a incrementar o disminuir levemente la altura tonal mientras trata de hacer que un chakra en particular entre en resonancia. Quizás también haya descubierto que la resonancia cambiaba y que la altura tonal de cualquier chakra en particular no es estática. De hecho, la resonancia varía en función de diversos elementos, entre los que figura la actividad física, emocional y mental antes y después del ejercicio.

IGUALAR LA ALTURA TONAL CON UN COMPAÑERO

El ejercicio de las vocales como mantras, hecho con su pareja o un compañero, puede servir para empezar a potenciar la conexión entre ambos. Cuando haga este ejercicio, en lugar de hacer que uno de los dos lleve la batuta con la entonación y que el otro trate de igualarlo, es mejor comenzar de forma igualitaria, es decir, que ambos busquen una altura tonal cómoda y entonces trabajen con esa altura tonal hasta que la puedan igualar cómodamente.

Así, ambos comenzarán de forma equitativa desde el principio y el proceso de igualar las alturas tonales contribuirá a la experiencia de hacer que sus chakras entren en resonancia. En este caso, la idea básica es simplemente hacer que uno iguale la altura tonal del otro con la mayor precisión posible. No importa cuál nota utilicen mientras que ambos se sientan cómodos produciendo ese sonido juntos. Esto representa un gran paso para muchas personas, no solo en lo que respecta a experimentar el tantra del sonido, sino a desarrollar un sentido más profundo del autoconocimiento.

EL CANTANTE HERIDO

Muchos de nosotros somos cantantes heridos, pues hemos experimentado algún tipo de rechazo al cantar en público. Por ejemplo, tal vez nos dijeron que olvidáramos el canto y nos dedicáramos al campo y pista cuando intentamos entrar en el coro de la escuela, o fuimos el hazmerreír de nuestros familiares si empezábamos a cantar una canción. Sin duda, muchos de los lectores sabrán lo que significa ser un cantante herido: alguien que está convencido de que no sabe cantar. La buena noticia es que los ejercicios de sonido que se presentan en este libro no tienen nada que ver con el canto.

Sabemos bien que la entonación de sonidos con una pareja o compañero puede dar un poco de temor en un inicio, sobre todo si ya ha pasado por alguna de esas experiencias negativas. Por eso, es importante reconocer que la realización de estos ejercicios con un compañero requiere cierto nivel de confianza y capacidad de no enjuiciar. Algo que puede ayudar al comienzo es que ambos mantengan el mejor humor posible y que se den una oportunidad, por ejemplo, compartiendo un buen momento de risa. Recuerde que no hay reglas ni sonidos correctos o incorrectos. Permítase ser bromista ahora que está comenzando y recuerde que ningún sonido que produzca será incorrecto.

Si logran encontrar un tono que puedan producir juntos y que les resulte medianamente cómodo a ambos (un tono que generen con la energía de la compasión y el amor), ese será un buen comienzo para hacer juntos los ejercicios de resonancia. A menos que sean el equivalente espiritual de una pareja de cantantes excepcionales, les sugerimos que comiencen a practicar el ejercicio de las vocales como mantras utilizando el mismo tono para cada chakra, produciendo una sola nota para todos los chakras.

Esto se conoce como canto en un solo tono. Es un ejercicio sónico eficaz, fácil y sencillo. Es un antiguo y noble método de canto sagrado, que le sugerimos decididamente si es la primera vez que su pareja y usted intentan entonar sonidos juntos. Después de probar un par de veces y llegar a un punto en que se sientan cómodos haciendo el ejercicio, podrán comenzar a hacer variaciones más avanzadas.

Por cierto, también le sugerimos que, si le resulta difícil, inquietante o imposible hacer que uno iguale la altura tonal del otro, deben practicar los ejercicios de todas formas. Hemos observado que a veces el temor a entonar sonidos con otra persona es tan grande que uno, automáticamente, comienza a cantar desafinado, aunque en realidad eso es más difícil de hacer que cantar afinado. ¿Cómo y por qué? No estamos seguros, pero creemos que tal vez sea porque escuchamos inconscientemente aquella voz interior del cantante herido que tal vez todavía necesite que le pasen la mano.

A menudo hemos encontrado que las personas que se consideran sordas para la música pueden llegar a igualar la altura tonal de otra persona, siempre que no se pongan a pensar en lo que están haciendo. Entonan sin problemas los sonidos con otra persona, pero entonces alguien le dice algo acerca de igualar las alturas tonales, o le hace alguna otra sugerencia que activa psicológicamente el botón de "no sé cantar". De repente, dos personas que momentos antes cantaban a la par como si nada, ahora suenan desafinadas.

No deje de entonar los sonidos aunque le parezca que está produciendo aullidos de coyotes (por cierto, en muchas tradiciones ese sonido se considera muy favorable). Tenga en cuenta que, una vez que haya superado su miedo y se permita sentirse cómodo entonando sonidos con otra persona, desaparecerán sus problemas para igualar la altura tonal. Después de eso, las posibilidades son ilimitadas. Si lo desean, los dos podrán hacer variaciones mucho más difíciles de este ejercicio.

EL ÁNGEL DESAFINADO

Ahora debemos compartir con el lector un breve relato. Confiamos en que le resultará de ayuda mientras desarrolla su trabajo con los sonidos.

Una vez, Shamael, Maestro de Cantos Celestiales y Director del Coro Divino, consideró necesario buscar a un sustituto para uno de los miembros del coro, que se iba. Al parecer, el ángel ya había cantado suficientes hosannas o algo por el estilo y había sido designado para que se dedicara a otra actividad igualmente importante, que nunca se reveló. Lo que sí se dio a conocer fue que en el Coro Divino quedaba un sitio vacante para otra voz angelical por lo que, naturalmente, se llevaron a cabo pruebas para determinar quién ocuparía el cargo.

Había todo tipo de ángeles (lo cierto es que hay una variedad infinita). Se ha dicho que, por cada brizna de hierba que nace, hay un ángel que la ayuda a crecer. Así que se podrá imaginar la gran cantidad de ángeles que estarían disponibles para hacer ese trabajo. La mayoría de los que acudieron a las pruebas pensaba que eran los más indicados para ser elegidos. Uno de los ángeles le dijo a Shamael: "¡Con mi canto, puedo hacer que el sol salga en la mañana!" Entonces el ángel hizo una increíble demostración y, efectivamente, el sol salió. Otro le dijo a Shamael: "Con mi canto, puedo hacer que salgan las estrellas en la noche" y, efectivamente, así sucedió. Siguieron llegando ángeles, uno tras otro, y cada uno parecía tener un don y un poder mayor que el anterior para utilizar el sonido como una magnífica manifestación del creador.

Luego vino un angelito que produjo un sonido bastante insignificante. Si algunos de los otros ángeles tenían rugidos que estremecían la tierra, lo de este angelito era más bien un chillido. Su voz era increíblemente débil y desafinada. Es más, si en los reinos angélicos hubiera risitas burlonas (que, por supuesto, no las hay), las pruebas para el Coro Divino habrían estado llenas de ese sonido.

Entonces, al final del día (que, naturalmente, podría equivaler a un milenio en los reinos celestiales), los ángeles volvieron a sus posiciones para esperar la decisión. Recordemos que solo se podía seleccionar un ángel.

Al día siguiente, todos volvieron y esperaron reverentemente para saber quién había sido aceptado. Shamael hizo el anuncio correspondiente y... suponemos que ya lo habrán adivinado. La nueva vacante del Coro Divino fue concedida al angelito que desafinaba. Los demás ángeles estaban estupefactos y, si en los reinos angelicales existiera la incredulidad (que, por supuesto, no existe) se habrían oído muchos gemidos y gritos en contra: "Pero... pero... si yo puedo hacer que el sol salga en la mañana con mi canto", o "Pero si yo puedo mover las mareas con mi canto", y así, sucesivamente.

Shamael, con su sabiduría amorosa (después de todo, posee una compasión y bondad extraordinariamente omniscientes, solo superadas por el propio Creador Divino), asintió porque sabía lo que pensaban esos otros ángeles. Dijo entonces: "El Coro Divino rodea el santasanctórum, y canta eternamente loas de amor y felicidad al Creador. Por eso el requisito principal para el puesto vacante en este coro no es la capacidad ni la destreza con el sonido, sino el amor. Ayer, cuando los escuché a todos ustedes produciendo sus sonidos extraordinarios, había un ángel en quien la energía del amor era mayor y más abundante". Shamael extendió sus manos al angelito que desafinaba. "Y este ser entrañable es a quien el Creador más desea tener en el Coro Divino. ¡Sé bienvenido!"

LA ENTONACIÓN DE SONIDOS JUNTOS, SIN CRITICAR Y CON COMPASIÓN

Quizás como una nota aparte, deberíamos contar cómo surgió ese relato. Estábamos participando en una meditación sónica con personas que se encontraban en distintos lugares del mundo, en la que entonábamos una prédica por la paz durante cinco minutos en un momento específico. Era una hermosa idea. Estábamos deseosos de participar en esa actividad. Y la experiencia fue efectivamente maravillosa, al menos durante los primeros minutos, hasta que Jonathan se dio cuenta de que Andi no lograba igualar su nota y que estábamos desafinados. Jonathan se sintió frustrado y se enojó. Pronto dejó de producir sonidos y se sintió deprimido porque creyó que nuestras notas desafinadas no ayudaban al mundo. Andi, que es una persona muy empática, captó la energía de Jonathan y, avergonzada y molesta, también dejó de producir sonidos. Decidimos meditar en silencio e intentar proyectar energía de paz hacia el planeta, pero esto resultaba difícil. Momentáneamente, habíamos vuelto a ser cantantes heridos.

Entonces, durante la meditación, Shamael le contó a Jonathan el relato del "ángel desafinado". Cuando Jonathan abrió los ojos y miró a Andi, se dio cuenta de lo equivocado y crítico que había sido. Con su compasión, Andi perdonó a Jonathan, y este a su vez logró perdonarse a sí mismo. Sabía que, aunque la voz de Andi estuviese desafinada en ese momento, generaba un amor extraordinario con los sonidos que producía. Precisamente el amor es la esencia de cada uno de los ejercicios con sonidos presentados en este libro. Lo importante es la intención y las vibraciones; ciertamente no consideramos necesario tener una voz maravillosa. Todo es cuestión de aceptación y ausencia de reproche.

Nunca antes habíamos hecho público este relato, pero confiamos en que les resultará de utilidad. Bienvenidos sean los cantantes profesionales que puedan producir armonías celestiales durante este ejercicio. Para todos los demás lectores, será conveniente recordar, con amor y aceptación, el cuento del "ángel desafinado". Por cierto, desde el momento en que Jonathan recibió esa enseñanza y comprendió su significado, comenzó a cantar cada vez más afinado con Andi, hasta el punto de que muchas veces cantamos como si fuéramos una sola persona.

ENTONAR SONIDOS EN UNA ESCALA MAYOR

Una de las variaciones sobre el uso de la entonación en el ejercicio de las vocales como mantras se refiere a la utilización de una escala mayor para hacer vibrar los chakras. Después de encontrar su altura tonal igualada, podría utilizar una escala diatónica en clave de *do* (clave de C, en la notación musical inglesa). Es decir, comenzaría con la nota *do* (C, en notación inglesa) para hacer vibrar el primer chakra, la nota *re* (D, en notación inglesa) para el segundo chakra, *mi* (E) para el tercer chakra, *fa* (F) para el cuarto chakra, *sol* (G) para el quinto chakra, *la* (A) para el sexto chakra, y *si* (B) para el séptimo chakra. Corresponden a las teclas blancas del piano, si se va ascendiendo nota por nota, comenzando en *do*.

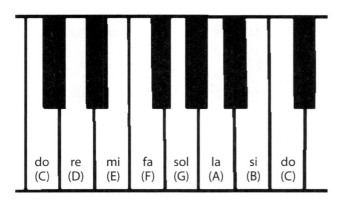

Fig. 9.1. Las notas blancas del piano, comenzando por do

Si esto le parece difícil porque no tiene ningún conocimiento ni habilidad musical, no se preocupe. Pruebe a entonar la conocida escala *"Do, re, mi, fa, sol, la, si, do"*, como la habrá oído en muchas canciones y películas. Todos hemos oído innumerables veces cómo, en la interpretación de distintos instrumentos musicales, se asciende por las siete posiciones de la escala mayor. Se trata de una escala sencilla que ya está incorporada en su memoria sónica. De todos modos, a continuación ofrecemos algunos consejos para los lectores que se consideren poco aptos desde el punto de vista musical.

Hemos comprobado que el hecho de ascender por las siete posiciones de la escala mayor les aumenta a muchas personas la capacidad de sentir que el sonido hace resonancia en los chakras. La más fácil es la escala de *do* (C) mayor, representada por las teclas blancas del piano, y hay muchas personas que ya tienen un teclado en casa. Con todo, no es obligatorio comenzar en la clave de *do*. Se puede empezar desde cualquier nota que resulte cómoda, sobre todo si uno es capaz de recorrer las siete posiciones de la escala junto con su pareja. Si en la práctica comprueban que pueden realizar los ejercicios de entonación con una escala distinta a esta escala mayor, también es válido hacerlo de esa manera.

Cuando Jonathan comenzó a investigar los distintos sistemas de utilización del sonido para hacer que los chakras entraran en resonancia, encontró que diversos practicantes utilizaban muchas escalas musicales diferentes. Por eso, da perfectamente lo mismo si deciden utilizar una "escala menor de séptimas aumentadas en bemol" (por supuesto, lo anterior es un nombre inventado), o cualquier otra cosa. Lo verdaderamente importante no es la escala musical seleccionada, sino que hagan juntos los ejercicios de resonancia y disfruten la experiencia.

LA MAGIA DEL TONO ÚNICO

Como se indicó anteriormente, da igual si canta los sonidos vocálicos en un solo tono, como hizo con los mantras de las *bijas*. De hecho, es la mejor opción para los principiantes. Esa forma de cantar significa utilizar la misma nota con cada chakra al entonar cada sonido vocálico distinto. En realidad, hay quienes, a pesar de tener grandes conocimientos y aptitudes musicales, consideran que el uso de una sola nota para todos los chakras da mejor resultado que ascender por la escala musical. ¿Por qué? Seguramente tiene que ver con los armónicos.

Los armónicos son sonidos dentro de otro sonido que componen la textura del tono. En realidad, son los componentes que definen el timbre o coloratura del sonido. Del mismo modo que al sostener un prisma frente a los rayos del sol obtenemos los colores del arcoiris, se puede decir que los armónicos son los colores del sonido. Cada sonido vocálico posee un conjunto diferente de armónicos acentuados (que reciben el nombre de "formantes"). Los armónicos varían de altura tonal mientras se emiten los sonidos vocálicos. Tal vez usted no pueda detectar los cambios de los armónicos pero, a determinado nivel sutil, sí se están registrando y afectan a los chakras. Por ese motivo es que da resultado hacer el ejercicio de las vocales como mantras en una sola nota. Si el lector desea obtener más información acerca de los armónicos, le recomendamos el libro de Jonathan titulado *Sonidos sanadores: El poder de los armónicos.*

DISTINTOS MÉTODOS PARA HACER VIBRAR LOS CHAKRAS

Hasta ahora le hemos presentado varios métodos distintos para hacer vibrar los siete chakras, comenzando con el chakra raíz y ascendiendo hasta el de la coronilla. Repasemos cuáles son esos métodos:

- Entonar las vocales desde la nota más grave hasta la más aguda, como se presentó en el capítulo 6.
- Entonar las vocales en la escala de *do* (C) mayor, pasando de *do* (C) a *re* (D), *mi* (E), *fa* (F), *sol* (G), *la* (A) y *si* (B).
- Entonar las vocales con una escala mayor de siete notas, comenzando con la nota que usted desee.
- Entonar las vocales en cualquier escala o combinación de notas que le resulte cómoda.
- Entonar las vocales en una sola nota, cantando en un solo tono (la misma nota para cada sonido vocálico) e igualar las alturas tonales entre ambos.

- Entonar las vocales en una sola nota, cantando en un solo tono (la misma nota para cada sonido vocálico) y sin igualar las alturas tonales entre ambos.

Puede experimentar con las seis variaciones anteriores y disfrutar mientras lo hace. Cualquiera puede trabajar con esas variaciones, aunque sea uno de esos cantantes heridos a quienes les han dicho que no tienen oído musical. Por cierto, no creemos en ese concepto: nadie carece de oído musical. Todos podemos aprender a cantar afinados o a igualar notas. Muchos tenemos labrados en la psiquis fuertes sistemas de creencias que nos han convencido de que no sabemos cantar. Tales creencias son mensajes falsos que hemos ido recibiendo durante la vida y, desde el momento en que nos deshacemos de esas ideas, los bloqueos comienzan a disiparse y empezamos a sentir nuestra capacidad innata de entonar sonidos y el verdadero poder de nuestra voz.

Creemos que, con la práctica y la experiencia, esas formas de pensamiento negativas se disuelven y abren paso a la posibilidad de utilizar el sonido como herramienta de sanación y transformación. Lo más importante es la intención y la aceptación amorosa entre ambos participantes, independientemente de los sonidos que entonen. No está de más seguir insistiendo en esto. Aunque su pareja y usted no consigan igualar las alturas tonales (o crean que no han igualado la nota), eso no es lo importante.

Recuerde que: "Frecuencia + Intención = Sanación".

Y que: "Visualización + Vocalización = Manifestación".

Es suficiente que produzcan un sonido vocálico y concentren la intención en un chakra. Eso es todo. Cualquiera de los seis métodos que hemos sugerido para hacer este ejercicio puede dar resultados interesantes y divertidos. Sabemos que algunos lectores conseguirán un diapasón en *do* (o en C, según la notación inglesa) y comenzarán a hacer la resonancia en pareja con el segundo método, en tanto otros tratarán de determinar su propia altura tonal vibratoria y harán juntos los ejercicios de resonancia basados en un método de su elección. Simplemente siéntase cómodo y relajado mientras hace cada ejercicio de entonación de sonidos con su pareja. Ese es el único requisito para realizar el ejercicio de las vocales como mantras con un compañero.

PROPÓSITO Y POSICIÓN

Antes de darle instrucciones sobre la forma de hacer el ejercicio de las vocales como mantras con un compañero, quisiéramos sugerirle algunos objetivos en los que pueden concentrarse. Básicamente, su pareja y usted harán que sus chakras vibren y entren en resonancia juntos. Esto crea una frecuencia vibratoria igualada (que recibe el nombre de resonancia simpática) entre los dos, con lo que sus cuerpos, mentes y espíritus comienzan a entrar en armonía.

Por lo general, para realizar este ejercicio, nos sentamos cómodamente en sillas colocadas una frente a la otra, con una separación entre ambos de apenas unos centímetros, y casi en contacto con las rodillas del otro. Esto también se puede hacer sentados uno junto al otro o espalda contra espalda, aunque la forma ideal es que

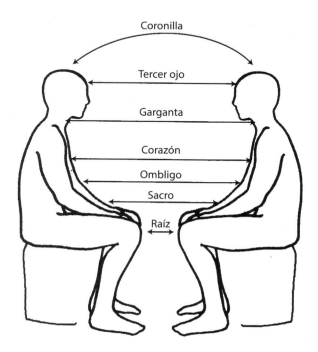

Fig. 9.2. Proyección de la energía desde los chakras

estén frente a frente si es posible. Incluso las posiciones de este ejercicio tienen muchas variaciones.

La variedad de posturas es tal, que les recomendamos utilizar simplemente la que les resulte más cómoda. Pueden sentarse en sillas o butacas, en el suelo, o en la posición tradicional del loto utilizada por los yoguis y sus discípulos.

No obstante, le sugerimos hacer estos ejercicios manteniendo la columna vertebral lo más recta posible. Mantenerse encorvado o con el espinazo en alguna posición distorsionada no solo constriñe las vías naturales de la respiración (y, por lo tanto, del sonido), sino que interrumpe el flujo de energía ascendente por la espina dorsal.

PARA INTENSIFICAR EL EFECTO

Al hacer el ejercicio de las vocales como mantras con otra persona, entonando sonidos juntos mientras proyectan sonidos cargados de intención, se creará una resonancia entre ambos sin tener que hacer nada más. De todos modos, le presentamos otras formas de aumentar el efecto del ejercicio:

- Al concentrarse en su intención de equilibrar y alinear los chakras, defina también la intención de equilibrar y alinear los chakras de su pareja.
- Mientras se concentra en esa intención, visualice cómo la energía va desde sus chakras hasta los de su pareja (y viceversa). Tenga en cuenta que su energía también ayuda a equilibrar y alinear los chakras de su pareja y los conecta profundamente a ambos.
- Al concentrarse en su sonido cargado de intención y su visualización, añada a la energía que proyecta un sentimiento de aprecio y amor. El amor se puede proyectar desde cada uno de los chakras y es capaz de amplificar la energía tántrica con la que trabaja.

Como siempre, al trabajar con sonidos de creación propia, es importante producirlos en un lugar cómodo donde nadie lo moleste.

Además, recuerde respirar profunda y lentamente antes, durante y después de entonar los sonidos. Al hacerlo, asegúrese de crear un sonido apacible y cómodo y de no hacer ningún esfuerzo excesivo con la voz. Recuerde que no es necesario producir sonidos fuertes para lograr buenos cambios de frecuencias. Recuerde además mantenerse en silencio después del ejercicio.

⊠ Ejercicio de las vocales como mantras con un compañero

Primer chakra

Comiencen juntos con el sonido "uh". Concentre la atención en su primer chakra, situado en la base de la columna vertebral. Si desean añadir a este chakra la visualización de un color, utilicen el rojo. Puede cerrar los ojos mientras producen ese sonido o, mejor aun, puede mirar a los ojos de su pareja. Concentre la atención en la parte más baja del tronco y proyecte la intención de modo que visualice que el sonido produce resonancia con el chakra raíz.

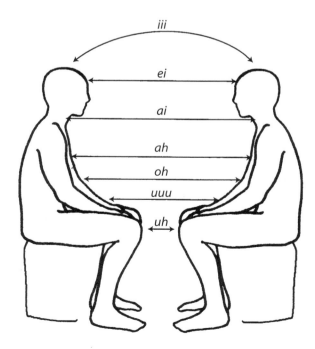

Fig. 9.3. Proyección de las vocales de una persona a otra

Sienta cómo el sonido hace vibrar y resonar esa área. Cobre conciencia de que el centro de energía correspondiente también entra en resonancia y se equilibra y alinea mediante el sonido sagrado. Proyecte esa energía equilibrada desde su chakra raíz hacia el de su pareja. Experimenten el intercambio mutuo de esa energía. Produzcan juntos siete veces el sonido "uh".

Segundo chakra

Ahora concentre su atención en el segundo chakra (sacro), situado a unos ocho centímetros por debajo del ombligo. El sonido vocálico correspondiente a este chakra es "uuu". Un color que complementaría su visualización es el naranja. Comiencen a entonar juntos el sonido "uuu". Luego concentre la atención en el área del segundo chakra y proyecte el sonido hacia allí. Mientras se produce la resonancia con el segundo chakra, sienta cómo ese centro de energía se equilibra y alinea con el primer chakra. Proyecte esa energía equilibrada desde su chakra sacro hacia el de su compañero. Experimenten el intercambio mutuo de esa energía. Produzcan juntos siete veces el sonido "uuu".

Tercer chakra

El sonido del tercer chakra (del ombligo), situado ligeramente por encima del ombligo, se pronuncia "oh". El amarillo complementará su visualización. Comiencen a entonar juntos muy suavemente el sonido "oh". Concentre la atención en la zona del ombligo y proyecte el sonido hacia allí. Mientras se produce la resonancia con esa zona, sienta cómo ese centro de energía se equilibra y alinea con los otros chakras. Proyecte la energía equilibrada desde su tercer chakra hacia el de su compañero. Experimenten el intercambio mutuo de esa energía. Produzcan juntos siete veces el sonido "oh".

Cuarto chakra

El sonido vocálico del cuarto chakra (del corazón), situado en el centro del pecho, es "ah". Si quiere añadir un color para complementar este sonido, puede utilizar el verde. Comiencen suavemente a entonar juntos un sonido "ah" de rango medio y, mientras concentran la atención en el chakra del corazón, proyecten el sonido hacia allí. Mientras se produce la resonancia con el centro del corazón, sientan cómo ese centro de energía se equilibra y alinea con los otros. Proyecte la energía equilibrada desde su chakra del corazón hacia el de su compañero. Experimenten el intercambio mutuo de esa energía. Produzcan juntos siete veces el sonido "ah".

Quinto chakra

El sonido vocálico del quinto chakra (de la garganta) es "ai". Un color que complementaría este sonido es el azul celeste. Comiencen suavemente a entonar juntos el sonido "ai", y mientras concentran la atención en el chakra de la garganta, proyecten el sonido hacia allí. Mientras se produce la resonancia con el chakra de la garganta, sientan cómo ese centro de energía se equilibra y alinea con los otros. Proyecte la energía equilibrada desde su chakra de la garganta hacia el de su compañero. Experimenten el intercambio mutuo de esa energía. Produzcan juntos siete veces el sonido "ai".

Sexto chakra

El sonido vocálico del sexto chakra (o tercer ojo), situado en la frente, un poco más arriba de los ojos, es "ei". Un color que funciona bien con este sonido es el índigo. Comiencen juntos a entonar suavemente el sonido "ei". Mire a los ojos de su pareja y tenga en cuenta que, al concentrar la atención en ese chakra y proyectar el sonido hacia allí, el sonido hace resonar el tercer ojo y alinea y equilibra ese centro de energía con los otros chakras. Proyecte la energía equilibrada desde su tercer ojo hacia el tercer ojo de su compañero. Experimenten el intercambio mutuo de esa energía. Produzcan juntos siete veces el sonido "ei".

Séptimo chakra

El sonido vocálico del séptimo chakra (de la coronilla), situado en la parte superior de la cabeza, es "iii". Un color que se utiliza en este caso es el morado. Comiencen a entonar juntos suavemente el sonido "iii" y, al hacerlo, cierren los ojos y proyecten ese sonido hacia el centro de la coronilla. Tengan en cuenta que ese sonido hace resonar el chakra de la coronilla, de modo que equilibra y alinea ese centro de energía con los otros. Proyecte la energía equilibrada desde su chakra de la coronilla hacia el de su compañero. Experimenten el intercambio mutuo de esa energía. Produzcan juntos siete veces el sonido "iii".

Ahora manténganse en silencio.

La parte de este ejercicio correspondiente a la entonación de los sonidos toma aproximadamente veinte minutos. Como siempre, lo que genera mayores cambios de frecuencia es el momento de silencio después de entonar el sonido. Sin duda, se sentirán aturdidos después del ejercicio. Al final, recomendamos encarecidamente que dediquen un rato (quizás diez minutos o más) a sentarse en silencio antes de hacer nada más.

⊠ ⊠ ⊠

Por supuesto, lo que usted haga durante y después de este ejercicio dependerá de cuál haya sido su propósito inicial al realizarlo junto con su pareja. Sin duda, experimentarán una profunda conexión que se puede manifestar de distintas formas. Quizás alcancen un profundo estado de aprecio y amor mutuos. Tal vez (cuando vuelvan a entablar comunicación verbal) empiecen a comunicarse de manera profunda y sentida que trascienda cualquier cosa que hayan experimentado antes. Quizás deseen explorar juntos los reinos espirituales. Depende de su propósito.

Reconocemos que el resultado de este ejercicio también depende de lo que llamamos "espíritu" y los sistemas de guía que usted utilice. Sobre la base de nuestra experiencia con el sonido, podemos decirle que nunca sabrá lo que va a suceder cuando comience a utilizar el sonido como herramienta cocreativa de modificación de frecuencias para aumentar su bienestar. Lo que sí sabemos es que será beneficioso.

La entonación de sonidos tántricos con una pareja o compañero puede realizarse en forma de ceremonia o ritual si así lo desea. Puede convertir en un templo cualquier habitación en la que vaya a hacer este ejercicio. Puede usar incienso e invocar a sus guías, espíritus, ángeles, deidades y bendiciones. Los rituales ayudan a la concentración y a proyectar la intención sobre el campo. Andi, en particular, es experta en realizar este tipo de ritual. También es muy bueno dedicar la experiencia a algún propósito en particular, como la paz mundial, o invocar a un Buda de la compasión. Es conveniente definir una intención antes de empezar, pues contribuye a profundizar la experiencia.

No obstante, desde que uno comienza a entonar los sonidos vocálicos sagrados, ocurre algo fenomenal. Hay que experimentarlo para entenderlo. En algunas prácticas tántricas, se visualiza a la pareja como un ser divino, la personificación de determinada deidad. Lo cierto es que, al alcanzar este nuevo nivel de conciencia, el sujeto vibra a una frecuencia superior.

Cada experiencia es única. Lo que ocurre con una pareja en un momento dado no ocurre con las mismas personas en otro momento. El sonido puede tener un efecto psicotrópico y psicoactivo, pero también es seguro porque solo llevará a cada individuo al nivel de conciencia que esté listo para alcanzar. Creemos que cada experiencia que uno tiene con el sonido se basa en la orientación divina.

Es importante hacer una salvedad sobre las experiencias con el sonido: no se deben comparar entre sí. No es solo que todos seamos seres vibratorios singulares, sino que nunca nadie experimenta exactamente lo mismo. Todas y cada una de sus experiencias sonoras serán únicas, en función del momento y el lugar en que ocurran.

Comoquiera que sea, es interesante señalar que hemos recibido informes de personas que, al realizar estos ejercicios, han dicho tener experiencias interiores similares. A veces se trataba de personas que estaban juntas en la misma habitación. Otras veces, aunque estaban separadas por el tiempo y el espacio, compartían experiencias muy similares. Esto puede ser un indicio del poder del sonido y, en particular, del poder del tantra del sonido. Hay implicaciones muy sorprendentes: que no solo existen sonidos específicos y deidades que hacen resonancia con esos sonidos, sino que hay planos específicos y reales de la conciencia que se deben experimentar.

NO SUCEDIÓ NADA

En nuestros seminarios siempre hay participantes que tienen una experiencia interior distinta a la de la mayoría, u otras que aparentemente no experimentan nada extraordinario. Reconocemos y honramos todas esas vivencias. Todas las experiencias sonoras que tenga son igual de reales, válidas y capaces de contribuir a la evolución espiritual.

En una ocasión, un estudiante de uno de nuestros seminarios de sonidos sanadores, un hombre encantador que era director de una orquesta famosa, escuchó mientras los participantes relataban sus experiencias con fenómenos espirituales. Uno vio el Ojo de Dios; otro fue sacado de su cuerpo y transportado a los reinos celestiales. Tales experiencias no son insólitas en esos seminarios. Pero este director de orquesta se limitó a escuchar, encogerse de hombros y decir: "¡No sucedió nada!"

Al final del segundo día, pusimos a este hombre en el centro del grupo para hacer un ejercicio llamado "Canción del alma", en el que el grupo cantó el nombre de ese participante. Al terminar el ejercicio, el hombre abrió inmediatamente los ojos, se puso de pie y dijo: "¡No sucedió nada! Y gracias por el seminario, pero tengo que irme". Entonces se metió sin querer en un armario de limpieza cercano, donde permaneció durante la media hora siguiente mientras terminábamos el seminario. Luego fuimos al armario de limpieza y lo ayudamos a procesar su experiencia. Lo ayudamos a conectarse a tierra, valiéndonos de técnicas de entonación de sonidos para hacer que la energía descendiera de sus chakras superiores a los inferiores, de modo que se sintiera en mayor armonía con su cuerpo físico. Gracias a esto, pudo irse a casa en su propio auto.

Hacemos este relato porque es un ejemplo de alguien que trataba de comparar sus experiencias con las de otros. Según él, no había sucedido nada, pero lo cierto es que algo sí sucedió. Simplemente no tenía conciencia de lo que estaba ocurriendo y tal vez nunca supo exactamente lo que "sucedió". Pero este es un ejemplo de la importancia de no comparar ni criticar sus propias experiencias en comparación con las de otros. Algo siempre sucede con cada persona a su propio nivel de conciencia.

A menudo percibimos que las mejores experiencias son aquellas en que nos dejamos guiar por nuestro propio espíritu. Lo alentamos a mantenerse centrado en su propósito e intención. Manténgase abierto y permítase tener la experiencia que contribuya a su mayor desarrollo espiritual, sea a nivel individual o con su pareja.

En el próximo capítulo, lo llevamos a una travesía similar con los mantras de las *bijas*. Es, al mismo tiempo, emocionante y formidable. No se la querrá perder.

10

LA ENTONACIÓN DE LAS *BIJAS* CON UN COMPAÑERO

EL PROPÓSITO PRINCIPAL de *Las frecuencias de los chakras* consiste en expandir la conciencia mediante el sonido para obtener una mayor comprensión de cada uno individualmente y con la pareja. Tiene mucho que ver con el desarrollo de un conocimiento más profundo de nosotros mismos a través del sonido. El hecho de sentarse a meditar con sonido durante veinte minutos puede distraer a las personas más mundanas y hacerlas modificar su conciencia hacia otro nivel. Los sonidos de creación propia hacen que disminuya el ritmo cardíaco, la respiración y la frecuencia de las ondas cerebrales. El sistema nervioso se sincroniza con el de su pareja y comienzan a hacer juntos los ejercicios de resonancia. Pueden experimentar todo tipo de fenómenos, desde la telepatía hasta el recuerdo de vidas pasadas. Tal vez se sientan ebrios, drogados o colmados de dicha, o quizás se fusionen en un solo ser divino. (Pero recuerde: si no es esto lo que experimentan, no hagan comparaciones, pues todos somos únicos desde el punto de vista vibratorio). Tal vez sientan mutuamente una conexión profunda, diferente a cualquier otra cosa que hayan experimentado antes. Esa intimidad proviene de una conexión del corazón que se ha establecido a través de los ejercicios con sonidos y la resonancia de los chakras.

CONSTRUIR SU PROPIO TEMPLO

Solemos prestar atención a nuestra "sabiduría interior", que se puede manifestar en forma de guías espirituales. Mientras escribimos este libro, un guía en particular, un antiguo maestro indio del tantra (que habla con un claro acento de Nueva Delhi) nos dice: "¡Den a los lectores las herramientas y los materiales: martillo, madera y puntillas! Pero no les digan cómo construir la casa; eso tienen que decidirlo por su cuenta. Olviden los planos y los proyectos. Estos aparecerán cuando el lector esté listo".

Así pues, en todo este libro, le damos al lector las herramientas y el material, la frecuencia y la intención, la vocalización y la visualización, teniendo en cuenta que puede haber muchos resultados posibles. Con el ejemplo anterior del martillo, la madera y los clavos, podemos sugerir la metáfora de utilizar las herramientas de sonido que estamos enseñando para crear un lugar sagrado de sanación o, quizás, un templo de dedicación para usted y su pareja. Pero, quién sabe, tal vez terminen construyendo un barco o un avión. O quizás hasta un cohete, pues el único límite es el cielo (y, en este caso, el universo).

Le pedimos que utilice su imaginación durante estos ejercicios con su pareja. Confiamos hasta tal punto en la energía del sonido que sabemos que, al combinarlo con la intención, su pareja y usted podrán llegar a los lugares de mayor beneficio para ambos y para su relación. Como recordará, hemos dedicado un capítulo a la exploración de su propósito. Hicimos esto con el fin de ayudarlo a abrirse y a expandir los límites y expectativas de su conciencia de modo que queden más claros y sean más fáciles de entender.

El objetivo de Las frecuencias de los chakras es expandir la autoconciencia y potenciar la capacidad de elección mediante una mayor intimidad. En su niñez, su idea de la libertad de elección tal vez se reducía a la posibilidad de meter la mano en la lata de galletas de chocolate y agarrar la mayor cantidad posible de las deliciosas golosinas. Sin embargo, con el paso de los años, probablemente su concepto de libertad fue cambiando. Quizás ahora, si le dan la oportunidad de meter la mano en la lata, solamente tomaría una galleta. Además, al comerla, probablemente reflexionará sobre la cantidad de carbohidratos que contiene mientras sus papilas disfrutan las sensaciones que le producen los dulces trocitos de chocolate. Es posible que ahora, mientras lee este libro, esté considerando las cualidades positivas que desea promover en usted mismo y en otras personas, así como la responsabilidad que tiene a ese respecto.

Entre otras cualidades que es importante contemplar al desarrollar una relación íntima, sea consigo mismo o con otra persona, figuran la compasión, la bondad, la comunicación abierta y honesta, la confianza, el amor propio y la autoaceptación. No obstante, por ser psicoterapeuta de profesión, Andi conoce perfectamente los problemas y dificultades con que pueden tropezar muchas personas al tratar de incorporar estas maravillosas cualidades. Muchos en la niñez hemos experimentado profundos traumas que pueden afectarnos al llegar a la edad adulta. Esas heridas emocionales al niño interior deben sanarse para que podamos experimentar tales cualidades edificantes y positivas.

LA SANACIÓN DEL NIÑO INTERIOR

El concepto del "niño interior herido" es uno de los pilares de la psicología humanista y transpersonal moderna. Es un concepto sencillo: en la niñez, experimentamos determinada situación traumática cuya severidad hace que permanezca con nosotros, y quede alojada en el subconsciente. Por ejemplo, un niño que haya sido picado por una abeja a los tres años de edad podría experimentar miedo en su vida adulta cada vez que vea a uno de esos insectos. Incluso podría llegar a decir que no le gusta la miel y, quién sabe, hasta sentir miedo ante cualquier tipo de insecto. En ese caso, el adulto no sabe exactamente por qué tiene ese sentimiento, pues carece del recuerdo consciente del trauma.

Pero no todo el que haya sido picado en la niñez va a convertirse en un adulto temeroso de las abejas por un incidente que en realidad fue poca cosa. No obstante, cualquier niño que haya experimentado en muchas ocasiones esas picaduras verá aumentar considerablemente las probabilidades de tener una reacción adversa ante las abejas, que se puede manifestar con un comportamiento disfuncional en la vida adulta.

Hemos utilizado el ejemplo anterior como una simplificación.

Está claro que hay un sinnúmero de experiencias que pueden herirnos emocionalmente en la niñez, por ejemplo, el abuso a distintos niveles (físico, emocional, mental o incluso espiritual). Como somos un producto del conjunto de todas las experiencias que hayamos tenido en la vida, llevamos en nuestro subconsciente esas cicatrices emocionales cuando alcanzamos la madurez. Nuestro comportamiento disfuncional como adultos suele derivarse de esas heridas al niño interior.

Para poder sanarlas, tenemos que enfrentar conscientemente los problemas. Por supuesto, hay múltiples terapias que se pueden aplicar, gracias a la labor de psicólogos innovadores, como Freud, Jung, Reich, Pearls, Rogers y muchos más.

La posibilidad de sanar esas heridas emocionales no depende solamente de la psicoterapia, sino de las relaciones amorosas. Una de las citas favoritas de Andi es del conocido psicólogo Erich Fromm, quien dijo: "La forma más natural de psicoterapia es una relación de amor".

Jonathan reconoce que la terapia más eficaz que ha conocido tiene que ver con el sonido. Una de sus experiencias se basó en la entonación de sonidos para perdonarse y proyectar compasión y bondad amorosa hacia su "niño interior" herido. Lo primero que hizo para lograr esto fue trabajar sobre la percepción consciente de un problema traumático y el reconocimiento del dolor que experimentaba. Entonces utilizó el poder de la intención, junto con el poder del sonido, para remediar esa herida específica. Concluyó la experiencia con la proyección de cariño y amor hacia su propia persona, el Jonathan adulto.

Aprendió a generar compasión hacia sí mismo porque primero la generó hacia el pequeño Johnny, el niño herido que llevaba por dentro. Lo logró con un ejercicio que describimos en un capítulo anterior, mediante la entonación del sonido "ah" de corazón mientras proyectaba la intención y la energía de la bondad amorosa y la compasión de su chakra del corazón a su "niño interior".

LA COMPASIÓN

Hemos compartido esta información acerca de la sanación de heridas profundas porque queremos destacar la importancia de la compasión.

¿Qué es la compasión? Puede significar algo diferente para cada uno de nosotros: amor propio, amor incondicional, empatía, ausencia de reproche, deseos de sanación para todos los seres dotados de sentidos, bondad. Son muchos los diferentes significados posibles. El poeta francés Charles Péguy dijo: "Toda vida procede de la ternura". La importancia de la compasión es crucial para nuestra sanación y para experimentarnos en la plenitud de quienes somos como seres humanos.

George Lucas concedió una entrevista a una importante revista poco antes del estreno de la primera "precuela" de la película *La guerra de las galaxias*. En esa conversación describió la diferencia entre el "lado luminoso" (los caballeros Jedi) y el "lado oscuro" (los Sith). Lo que dijo fue algo así: los Jedi trabajan con la compasión, mientras que los Sith se basan en la codicia. Al principio nos tomó por sorpresa esa afirmación. Nunca habíamos contemplado la posibilidad de que la codicia fuese exactamente un antónimo de la compasión pero, al pensarlo mejor, nos dimos cuenta de que el concepto de compasión resulta difícil de entender para muchas personas, aunque sí saben qué es la codicia.

La codicia consiste en tratar de quedarse con más de lo que uno necesita. No es altruismo, sino egoísmo. Consiste en actuar sobre la base del miedo pues, ¿por qué alguien querría quedarse con más de lo que necesita, a no ser que sea por el temor de no tener suficiente? Cuando está presente la codicia, alguien resultará herido, porque el codicioso generalmente hará lo que esté en sus manos y más para obtener lo que quiere.

Muchos creen que el miedo es lo opuesto de la energía del amor, y estamos de acuerdo. Desde nuestra perspectiva, el miedo es responsable de la mayor parte de los males en este planeta: desde la construcción de muros y murallas para separar a un pueblo de otro, hasta la compra de armas para defenderse o atacar a otros, el acaparamiento de dinero, materiales o alimentos (en lugar de compartirlos durante épocas de gran necesidad). Podríamos seguir añadiendo cosas, pero seguramente ya ha entendido.

El miedo hace aflorar al niño herido que todos llevamos por dentro. El amor es el gran sanador que nos permite dar y ayudarnos unos a otros. Desde nuestra perspectiva, es seguramente el ingrediente más importante que se debe manifestar en el planeta. Sana a nuestros niños interiores heridos y nos ayuda a llevar a la realidad la interconexión que existe entre todo. La compasión da paso a la unidad de conciencia, lo que nos permite manifestar la bondad mutua. En una de sus charlas, Su Santidad el Dalai Lama dijo: "Sean bondadosos unos con otros". Seguimos teniendo presentes estas sencillas palabras, que han tenido un profundo efecto en nosotros.

En algunas creencias indígenas, no se hace ninguna actividad sin pensar en sus repercusiones para las siete generaciones siguientes. Por ejemplo, no se tala un árbol si se sabe que será útil para otros durante muchos años más, en lugar de utilizarlo simplemente como leña para calentarnos en las noches de frío. Cuando hay codicia (lo opuesto de la compasión), se procede automáticamente a talar el árbol. De hecho, el codicioso talará tantos árboles como pueda, porque no está pensando en nadie más que en sí mismo y, como teme al frío, desea calentarse con el fuego.

El planeta cambiaría si el mundo pudiera ser uno solo, en el que todos hiciéramos realidad nuestra unidad como chispa divina del Dios y la Diosa, en lugar de creer que somos simplemente individuos (y llegar a veces a contraponer "mi Dios" a "tu Dios"). En su libro *Sun at Midnight [El sol de medianoche]* (Jeremy P. Tarcher, 2002), Andrew Harvey cita al Padre Bede Griffiths, el difunto monje y místico benedictino, que dijo: "En una sinfonía de Mozart, no hay confusión entre las notas; se puede percibir por separado cada nota y cada cambio sofisticado de la armonía, pero todos están contenidos en un solo instante". Del mismo modo, todos nosotros estamos contenidos y conectados en la red de la vida.

Para comenzar, trabajemos juntos con el sonido, proyectando la intención de generar compasión. Le garantizamos que, al abrirse a la energía de la autoaceptación, el amor incondicional, el aprecio, la bondad y la ternura, en primer lugar hacia su propia persona y en segundo lugar hacia otros, le hará que cambie su forma de vivir. Indiscutiblemente, influirá en la manera de conducirse en la relación de pareja. Para ser realistas, sabemos que es más fácil decirlo que hacerlo, pero será posible gracias a las nuevas aptitudes que está desarrollando con el uso del sonido.

ALGUNOS CONSEJOS SOBRE
LOS MANTRAS DE LAS *BIJAS*

Al volver al ejercicio correspondiente a este capítulo (experimentar los mantras de las *bijas* con su pareja o un compañero), estimulamos su conciencia sobre el poder de la compasión y el sonido. Para comenzar, le sugerimos que empiece por el ejercicio de entonación con un compañero y que luego entone los mantras en una sola nota, cantando en un solo tono, y utilice la misma nota para cada mantra de las *bijas,* incluso sin igualar necesariamente las alturas tonales entre ambos. Repetimos que es un ejercicio sencillo y eficaz que equilibrará sus chakras y los de su compañero.

Para los que se sientan más aventureros con el sonido, presentamos algunos otros métodos de entonar los mantras de las *bijas* con un compañero. Son los mismos que se mencionaron cuando sugerimos distintas formas de entonar las vocales:

- Entone los mantras de las *bijas* en una sola nota, cantando en un solo tono, con la misma nota para cada mantra de las *bijas,* incluso sin igualar necesariamente las alturas tonales entre ambos.
- Entone los mantras de las *bijas* en cualquier escala o combinación de notas que le resulte cómoda.
- Entone los mantras de las *bijas* en la escala de *do* (C) mayor, pasando de *do* (C) a *re* (D), *mi* (E), *fa* (F), *sol* (G), *la* (A) y *si* (B).
- Entone los mantras de las *bijas* utilizando una escala mayor de siete notas, con cualquier nota que le plazca.
- Entone los mantras de las *bijas* desde su nota más grave hasta su nota más aguda.

Recuerde la importancia de "Frecuencia + Intención = Sanación" y de "Vocalización + Visualización = Manifestación".

No nos cansamos de repetir esas fórmulas. Son muy poderosas y le recomendamos recordarlas. Además, recuerde pasar un buen rato mientras realiza este ejercicio. En la Biblia se dice que debemos producir sonidos jubilosos, o sea, que lo mejor es estar lo más relajado y cómodo posible, pues eso le ayudará a usted y a su pareja en el ejercicio.

PREPARACIÓN PARA EL EJERCICIO
CON EL COMPAÑERO

Como siempre, siéntese en una posición cómoda, con la espalda recta. Hágalo en un lugar donde nadie lo moleste. Como se sugirió anteriormente, si bien hay muchas posturas posibles, estar sentado frente a frente daría buen resultado. Añadiremos otra sugerencia: no se juzgue a usted mismo ni critique los sonidos de su compañero.

Como recordará del capítulo 7, le sugerimos que alargara la consonante al principio de cada mantra de las *bijas*. Cuando entonamos esas sílabas simientes, al menos la tercera parte del sonido (a veces hasta la mitad de la respiración y, por lo tanto, del propio sonido) se dedica a crear esa primera consonante. En el caso de "lam", por ejemplo, si entonar toda la sílaba toma ocho segundos, se invierten tres o cuatro segundos en producir el sonido *LLL*, mientras que los cuatro segundos restantes se dividen por igual entre los sonidos "ah" y "mm". Si fuéramos a transcribir fonéticamente la pronunciación, sería algo parecido a *LLLLLLLL-AAAH-MMMM*.

En este ejercicio en particular, primero debe concentrar la atención en el sonido y el chakra. Cuando tenga un poco de práctica, podrá añadir un color o visualización si lo desea.

⊠ *Ejercicio de los mantras de las bijas con un compañero*

Comience por respirar profundamente varias veces y, con un suspiro, libere cualquier cosa que no necesite. Luego, mientras comienza a sentirse centrado, dedique un momento a concentrar sus pensamientos y definir su intención. Lo puede hacer en silencio o en voz alta, lo que le resulte más cómodo.

Primera *bija*

Comenzamos con el primer chakra y el mantra "lam". Para entonar el mantra, diga *LLLLLL-AAAH-MMM*, con una altura tonal cómoda. Concentre la atención en el chakra raíz, situado en la base de la columna vertebral. Puede cerrar los ojos mientras produce ese sonido o, mejor aún, mire a los ojos de su pareja. Sienta cómo el sonido hace vibrar esa área. Cobre

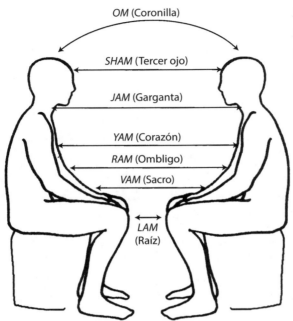

Fig. 10.1. Entonación de los mantras de las bijas *con un compañero*

OM (Coronilla)

SHAM (Tercer ojo)

JAM (Garganta)

YAM (Corazón)

RAM (Ombligo)

VAM (Sacro)

LAM (Raíz)

conciencia de que el centro de energía correspondiente también entra en resonancia y se equilibra y alinea. Proyecte esa energía equilibrada desde su chakra raíz hacia el de su compañero y permítase sentir el intercambio mutuo de la energía equilibrada entre los chakras raíz de ambos. Entonen juntos siete veces el mantra "lam".

Segunda *bija*

Luego concentre la atención en el segundo chakra (sacro), situado a unos ocho centímetros por debajo del ombligo. El mantra de las *bijas* correspondiente a este chakra es "vam", y se pronuncia *VVVVVVV-AAAH-MMMM*. Comience a entonar el sonido "vam" con una altura tonal cómoda. Luego concentre la atención en el área del segundo chakra y proyecte el sonido hacia allí. Mientras se produce la resonancia con el segundo chakra, sienta cómo ese centro de energía se equilibra y se alinea. Proyecte esa energía equilibrada desde su chakra sacro hacia el de su compañero y permítase sentir el intercambio mutuo de la energía equilibrada entre los chakras sacros de ambos. Entonen juntos siete veces el mantra "vam".

Tercera *bija*

El mantra de las *bijas* correspondiente al tercer chakra (del ombligo), situado alrededor del ombligo, es "ram". Comience a entonar muy suavemente el sonido "ram", que se pronuncia *RRRRRRRR-AAAH-MMMM*. Concentre la atención en la zona del ombligo y proyecte el sonido hacia allí. Mientras se produce la resonancia con esa área, sienta cómo ese centro de energía se equilibra y alinea con los otros. Proyecte la energía equilibrada desde su chakra hacia el de su compañero y permítase sentir el intercambio mutuo de la energía equilibrada entre el tercer chakra de ambos. Entonen juntos siete veces el mantra "ram".

Cuarta *bija*

El mantra de las *bijas* correspondiente al cuarto chakra (del corazón), situado en el centro del pecho, es "yam". Como se mencionó anteriormente, nos parece que lo más fácil es añadir un sonido "iii" antes de la Y para poder alargarla, de modo que la pronunciación sea "iiiiii-yaah-mmmm". Comience a entonar este sonido de la misma forma cómoda que ha utilizado hasta ahora. Concentre la atención en el chakra del corazón y proyecte el sonido hacia allí. Mientras se produce la resonancia con el centro del corazón, sienta cómo ese centro de energía se equilibra y alinea con los otros. Proyecte la energía equilibrada desde su chakra del corazón hacia el de su compañero y permítase sentir el intercambio mutuo de la energía equilibrada entre los chakras del corazón de ambos. Entonen juntos siete veces el mantra "yam".

Quinta *bija*

Concentre ahora su atención en el quinto chakra (de la garganta), situado en la garganta. El mantra de las *bijas* correspondiente a este chakra es "jam". (Como mencionamos en el capítulo relativo a la entonación individual de las *bijas*, consideramos que a veces resulta un tanto difícil alargar el sonido J a menos que se produzca de forma aspirada y muy suave, de modo que al principio prácticamente no se escuche otra cosa que la respiración y se aumente su volumen gradualmente). Se pronuncia *HHHHHHH-AAAH-MMMM*. Comience a entonar el sonido "jam" y concentre la atención en el chakra de la garganta, proyectando el sonido hacia allí. Mientras se produce la resonancia con el chakra de la garganta, sienta cómo ese centro de energía se equilibra y alinea con los otros. Proyecte la energía equilibrada desde su chakra de la garganta hacia el de su compañero y permítase sentir el intercambio mutuo de la energía equilibrada entre los quintos chakras de ambos. Entonen juntos siete veces el mantra "jam".

Sexta *bija*

Concentre ahora su atención en el sexto chakra, que a menudo se conoce como tercer ojo, situado en medio de la frente, un poco más arriba del espacio que separa los ojos. El mantra de las *bijas* correspondiente a este chakra es "sham", y se pronuncia *SSSSHHH-AAAH-MMMM*. Comience a entonar la misma nota cómoda que ha utilizado en todo este ejercicio. De ser posible, mire a los ojos de su pareja al producir este sonido. Luego concentre la atención en ese chakra y proyecte el sonido hacia allí. Mientras se produce la resonancia con el tercer ojo, sienta cómo ese centro de energía se equilibra y alinea con los otros. Proyecte la energía equilibrada desde su tercer ojo hacia el de su compañero y permítanse sentir el intercambio mutuo de la energía equilibrada entre el tercer ojo de ambos. Produzcan juntos siete veces el sonido "sham".

Séptima *bija*

El mantra de las *bijas* correspondiente al séptimo chakra (de la coronilla), situado en la parte superior de la cabeza, es "om". Para este ejercicio, simplemente pronunciamos *OOOOOHHH-MMMM*. Comience a entonar el mantra "om" con un tono de voz que le resulte cómodo. De ser posible, mire a los ojos de su pareja. Concentre la atención en el centro de la coronilla y comience a proyectar el sonido hacia allí. Mientras se produce la resonancia con el chakra de la coronilla, sienta cómo ese centro de energía se equilibra y alinea con los otros chakras. Proyecte la energía equilibrada desde su chakra de la coronilla hacia el de su compañero y permítase sentir el intercambio mutuo de la energía equilibrada entre los chakras de la coronilla de ambos. Entonen juntos siete veces el sonido "om".

Ahora manténganse en silencio.

⊠ ⊠ ⊠

Al cabo de veinte minutos de ejercicios de entonación, tal vez ambos estén un tanto aturdidos, pero armonizados desde el punto de vista vibratorio. Quédense sentados en ese estado de meditación dichosa y jubilosa y disfruten la experiencia.

Ha hecho ejercicios de vibración, resonancia y equilibrio de sus chakras, logrando que la energía ascienda por la espina dorsal hasta la cabeza y más allá. Dese como mínimo diez minutos para esta meditación y después manténgase en silencio todo el tiempo que desee hasta definir la experiencia o actividad que contribuya a su propósito más elevado en este momento en particular en su desarrollo mutuo. Dese suficiente tiempo para disfrutar plenamente los beneficios que acompañan a esta práctica de entonación.

OTRAS APLICACIONES

11

LA ENTONACIÓN EN MOMENTOS DE AGITACIÓN EMOCIONAL

HASTA AHORA NOS HEMOS CONCENTRADO en la utilización de ejercicios con sonidos, como las vocales y los mantras de las *bijas,* para hacer que nosotros mismos y nuestra pareja entremos en resonancia a fin de mejorar la autoconciencia en cualquier forma posible. En la cuarta parte, presentaremos más sugerencias sobre la utilización de sonidos de distintos tipos para sanar relaciones que podrían enfrentar dificultades.

Hay ocasiones en que cualquier pequeñez puede desencadenar un momento de agitación emocional. Sería útil contar con herramientas que nos ayuden a solventar el problema, sobre todo cuando nuestra pareja y nosotros no estemos en armonía y lo más fácil sea que uno de los dos comience a romper platos, alzar la voz o se vaya de la casa hecho una furia.

PRINCIPIOS BÁSICOS DE LA INDUCCIÓN

Antes de hablar sobre las estrategias de uso del sonido que pueden beneficiarlo y ayudarlo a superar los momentos de desarmonía en su relación, creemos conveniente recordarle el fenómeno de la inducción del sonido, al que nos referimos en el capítulo 2. La inducción es la capacidad que tiene el sonido de modificar el nivel vibratorio de una o varias personas. Desde el punto de vista científico, la inducción tiene que ver con la psicoacústica, es decir, la forma en que el sonido influye en el sistema nervioso y el cerebro.

La inducción guarda una relación estrecha con los sonidos rítmicos y la forma en que esos ritmos nos afectan. Es un fenómeno del sonido en el que las poderosas vibraciones rítmicas de un objeto hacen que las vibraciones menos poderosas de otro objeto se sincronicen y oscilen a la misma frecuencia del primero.

Por ejemplo, los osciladores de los receptores de televisión y radio y otros equipos similares se sincronizan con la frecuencia de origen y se condicionan mediante la inducción. Al cambiar de canal en un televisor, ajustamos la frecuencia del oscilador del aparato para igualar la frecuencia de los osciladores de las estaciones transmisoras. Cuando las frecuencias se acercan entre sí, de repente se entrelazan, como si "quisieran" pulsar al unísono. Por lo general, el oscilador más rápido será el que impondrá su ritmo a los osciladores más lentos.

Al igual que los televisores, los organismos vivos como los seres humanos también oscilan, es decir, pulsan, vibran y tienen ritmo. Esos ritmos de la vida dan lugar a la inducción, que se encuentra en toda la naturaleza y, particularmente, en los seres humanos. Por ejemplo, los ciclos menstruales de las muchachas que viven en un mismo dormitorio escolar suelen llegar a sincronizarse. Las células del músculo cardíaco, cuando se acercan más entre sí, cambian de ritmo de repente y comienzan a pulsar al unísono, en perfecta sincronización. La inducción también ocurre cuando dos personas sostienen una buena conversación. Sus ondas cerebrales oscilan en sincronía. Ese fenómeno se puede apreciar en la relación entre los estudiantes y sus profesores. Del mismo modo, los psicoterapeutas y sus clientes se condicionan mutuamente mediante la inducción, y esto también sucede con los predicadores y sus congregaciones. Esas personas o grupos llegan a hacer que su ritmo cardíaco, respiración y ondas cerebrales se sincronicen debido a este fenómeno.

Dentro de cada cuerpo individual, constantemente generamos la sincronización de nuestro propio ritmo cardíaco, respiración y ondas cerebrales, que se condicionan mutuamente mediante la inducción. Por ejemplo, al respirar más lentamente, también hacemos que el corazón y las ondas cerebrales vayan más despacio. A la inversa, quien sea capaz de reducir la frecuencia de sus ondas cerebrales, también podrá influir en su ritmo cardíaco y su respiración. Ese es uno de los principios en que se basa la biorretroalimentación. Del mismo modo que las funciones del organismo humano pueden condicionarse mediante la inducción, es posible utilizar ritmos externos para influir en los mecanismos internos del ritmo cardíaco, la respiración y la actividad de ondas cerebrales.

Cuando se trabaja con los sonidos de creación propia junto con otra persona, esto suele ocurrir recíprocamente y permite que ambos entren en resonancia mutua, de modo que cambian los ritmos de las ondas cerebrales, el ritmo cardíaco y la respiración. No es necesario que ninguno de los dos se encuentre en un estado de dicha y entrega al trabajar inicialmente con los sonidos de creación propia, para alcanzar la armonía entre ambos. Esos sonidos pueden modificar los niveles de frecuencia de ambas personas simultáneamente. Esto es importantísimo porque, como suele suceder en momentos de desarmonía en una relación, nuestra respuesta natural es el mecanismo de pelear o huir, es decir, nos enfrentamos directamente con nuestra pareja o la dejamos.

"PELEAR O HUIR" VS. CAMBIOS DE FRECUENCIA

¿Qué pasaría si fuera posible ofrecer una tercera alternativa a la desarmonía? En lugar de pelear o huir, ¿qué sucedería si tratáramos de cambiar las frecuencias mediante el uso concentrado de los sonidos de creación propia como reacción ante la desarmonía?

Sabemos lo difícil que puede ser esto. Generalmente, cuando alcanzamos un estado inarmónico (de ira, tristeza, miedo, o lo que sea), nos resulta mucho más fácil reaccionar con palabras dichas a prisa o con comportamientos que se derivan inconscientemente de nuestras heridas emocionales. Lo que comenzará a notar es que incluso eso constituye un aspecto de la inducción. Así es: el fenómeno de la inducción no solo es útil para crear armonía y paz en la pareja, sino que a menudo también puede crear desarmonía.

¿Alguna vez se ha visto en una situación en que, mientras usted estaba tranquilo y relajado, de pronto su pareja entró en la habitación con algún problema que tenía? A pesar de su aparente calma, es posible que al cabo de unos momentos ambos se pongan a gritar. Eso es inducción, un fenómeno de las frecuencias que puede tener dos tipos de efectos opuestos: puede utilizarse para crear armonía pero, como el fenómeno carece de conciencia propia, también puede crear desarmonía. Por eso, cuando uno se encuentra en una reunión y el líder desea estimular a todos los participantes, basta con que grite un poco usando ciertas palabras y, de repente, un lugar donde antes reinaba la tranquilidad puede convertirse en un entorno de histeria e ira. Eso también es inducción. A veces, mientras más grande sea el grupo, más fácil le resulta al líder cambiar el nivel de frecuencia del grupo mediante el uso de palabras bien escogidas.

En lo que respecta a las relaciones, volvemos a preguntar: en lugar de ser reactivos y pelear o huir en momentos de desarmonía, ¿qué pasaría si uno de los dos que forma parte de la relación tuviera la percepción consciente necesaria como para utilizar el sonido para apagar el fuego del mecanismo de pelear o huir?

Aunque a determinado nivel esto parezca poco realista, ¿qué tal si le dijéramos que en realidad funciona? Las reacciones emocionales son difíciles de sobrellevar, particularmente en momentos de estrés, pero podemos ofrecer estrategias básicas de uso del sonido que son fáciles de aplicar.

LA SITUACIÓN DE JUAN Y MARÍA

Juan y María viven juntos desde hace un tiempo. Se aman profundamente y, por supuesto, tiene algunos problemas que deben atender. Quizás todavía no han prestado atención a su niño interior herido. Es hora de cenar. Juan llega a casa después de un día complicado en la oficina y tiene hambre. María también ha tenido un día difícil y la cena que prometió poner sobre la mesa aún no está lista. Juan le dice algo sobre su promesa de preparar la cena esa noche. Quizás María ha malinterpretado lo que ha dicho Juan, o quizás él ha sido cruel sin darse cuenta. Como quiera que sea, ambos comienzan a alzar la voz.

La situación empeora cuando María da un golpe de gracia verbal a Juan, al agredirlo en todos los temas que lo afectan emocionalmente. Él también la agrede. Ahora los dos están encolerizados. Algo tiene que pasar.

Sabemos que, del mismo modo que hay patrones que se repiten debido a las heridas inconscientes de nuestro niño interior, hay discusiones que surgen constantemente entre las parejas sobre temas parecidos, si no exactamente iguales.

Todos nos hemos visto en situaciones similares. Uno de los mejores mecanismos de sanación temporal que queremos compartir con el lector consiste simplemente en hacer que los miembros de la pareja produzcan un sonido juntos. Así de sencillo. Paren de gritar, pongan el plato sobre la mesa, dejen de recoger sus pertenencias para irse a casa de los padres, dejen el abrigo en su lugar y no salgan por esa puerta. En lugar de ello, respiren profundamente, mírense a los ojos y entonen juntos tres veces un sonido "ah" u "om". Inténtenlo aunque sea difícil, pues verán que, al hacerlo, cambiará la energía entre ambos. Requiere práctica, pero sus beneficios a largo plazo bien valen la pena. Esto puede ayudarlos a recuperar el amor que de momento parece haberse perdido. Puede modificar la frecuencia efectiva del momento y abrir un espacio para que se comuniquen con cordura.

Como hemos mencionado anteriormente, este sencillo sonido "ah" es una forma excelente de activar la compasión y la energía del corazón. Lo mismo se aplica al sonido "om". Si ambos son capaces de dejar de discutir momentáneamente y entonar sonidos juntos durante unos instantes, los resultados pueden ser sorprendentes. La realización de ejercicios de entonación de sonidos como este puede generar empatía y bondad amorosa entre ambos mientras experimentan cambios de frecuencia.

Tal vez esto parezca irrealizable para las parejas que se encuentran en medio de una discusión acalorada, pero tenemos que insistir en la eficacia de este ejercicio. ¡Inténtenlo!

Por medio de la inducción a nivel fisiológico, inmediatamente comenzarán a calmar su ritmo cardíaco, ondas cerebrales y respiración. Tan pronto hayan respirado profundamente aunque solo sea una vez, seguida de los sonidos "ah" u "om", comenzarán a experimentar una transformación inmediata a nivel emocional o mental.

Le garantizamos que, si tratan de entonar sonidos en medio de una pelea, se sentirán diferentes. Por supuesto, la única dificultad radica en acordarse de hacerlo. Sería conveniente que hablaran de antemano sobre esta estrategia en particular, cuando ambos se encuentren en un estado positivo. Dense permiso para practicar y definan la intención de que ambos pondrán de su parte cuando comience la batalla acalorada.

LLEGAR A UN ACUERDO
PARA ENTONAR SONIDOS

Si ambos se ponen de acuerdo en que la próxima vez que se encuentren en una situación de desarmonía, uno de los dos sugerirá entonar sonidos juntos, o quizás simplemente comience a hacerlo por su cuenta, esta estrategia dará resultado. Una forma de proceder sería que uno de los dos dijera algo así: "Espera un momento. ¿Quieres hacer un ejercicio de entonación conmigo?" A menudo, puede ser beneficioso tener una palabra o frase clave ya convenida cuando se encuentren en una situación de desarmonía que desean cambiar. A Jonathan le gusta decir: "¡Rápido, entonemos un 'om'!" Por su parte, Andi dice: "¡Digamos 'om' juntos!"

Sabemos lo difícil que es modificar los patrones y bucles psicológicos en que solemos vernos atrapados en momentos como esos. Para sugerir esa alternativa, hace falta un esfuerzo casi sobrehumano (o, mejor dicho, un esfuerzo superconsciente) por parte de una las personas involucradas para salirse del círculo aunque solo sea un instante. Si la otra persona atina simplemente a aceptar por un momento hacer un ejercicio de entonación de sonidos (aunque siga sintiendo la misma ira y furia), es posible que ambos salgan airosos de la situación.

Una cosa es estar sentado en una habitación maravillosamente decorada, bajo el resplandor de las velas y de bellas luces de colores mientras trata de entonar las vocales sagradas o los mantras de las *bijas* junto con otra persona para iniciar una experiencia tántrica entre ambos. Otra cosa es estar echando chispas y, aun así, ser capaz de dedicar unos instantes a crear sonidos sanadores. Quizás cuando su pareja y usted estén sentados en su "templo tántrico" maravillosamente decorado, entonando sonidos juntos, puedan aprovechar ese momento para ponerse de acuerdo y juntos hacer ejercicios de entonación de sonidos cuando se presente algún momento de desarmonía, recreando así una relación armoniosa entre ambos.

En otras palabras, lleguen de antemano al acuerdo de que, en el instante en que estén en una situación de enfrentamiento, harán un esfuerzo por entonar sonidos juntos antes de ponerse a hacer algo más drástico (como marcharse de casa o romper platos). Como sugerencia, no se nos ocurre mejor momento ni situación para llegar a ese acuerdo que cuando ambos estén en armonía al terminar de hacer juntos los ejercicios de resonancia de los chakras.

DE NUEVO LA SITUACIÓN DE JUAN Y MARÍA

Juan y María acaban de culminar uno de los dos ejercicios sónicos vigorosos que hemos presentado. No sabemos si han utilizado los mantras de las *bijas* o las vocales sagradas; lo importante es que están en armonía. Sus sistemas nerviosos, ritmo cardíaco, respiración y ondas cerebrales (para no mencionar sus chakras y campos etéricos) están en resonancia entre sí. Se miran a los ojos con adoración y aprecian al dios y a la diosa que llevan por dentro. Ambos son entidades divinas que se han manifestado en el nivel físico para disfrutar todas las maravillosas sensaciones que este ofrece. Mientras se miran amorosamente a los ojos, se dan cuenta de que el sonido vigoroso es una herramienta para crear armonía interior y mutua.

En ese mágico instante tántrico, Juan le dice a María (o, quizás, a la inversa): "Si alguna vez discutimos, recordemos practicar la entonación de sonidos para volver al equilibrio". Y María está de acuerdo. En ese momento, se han programado ellos mismos (y a su conciencia superior) para realizar la difícil tarea de entonar sonidos en situaciones de agitación emocional. En alguna circunstancia ulterior, este acuerdo permitirá que uno de los dos, en el fragor de la batalla, diga las palabras: "¡Paremos y hagamos un ejercicio de entonación!" Con esto, el poder del sonido puede comenzar a modificar su realidad.

(Por supuesto, sabemos que después que su pareja y usted hayan experimentado con los mágicos momentos tántricos que acabamos de describir, nunca volverán a estar fuera de armonía o resonancia entre sí, por lo que ya no serán necesarios los ejercicios de entonación de sonidos durante momentos traumáticos, pero de todas formas estarán listos si llegaran a ser necesarios).

LA ENTONACIÓN DURANTE EL ESTRÉS

La entonación durante momentos de estrés emocional es excelente si uno se siente en estado inarmónico con su pareja, pero también es beneficiosa si está fuera de armonía consigo mismo. Puede hacerse en cualquier momento: no tiene que ser cuando estemos encolerizados. Puede aplicarse desde el mismo momento en que comienza a aflorar el borde afilado de la incomodidad. Cuando eso suceda, deténgase, respire profundamente y haga sin demora unos cuantos ejercicios con los sonidos "om" y "ah".

Lo más probable es que ese filo desaparezca y pronto usted se sienta en suficiente armonía como para discutir y sanar cualquier cosa que le esté molestando. Por lo general, según nuestra experiencia, al producir sonidos durante momentos emocionales turbulentos, a la larga nos llega a parecer insignificante el factor inicial que instigó el problema (una cena servida muy tarde, un desayuno demasiado temprano, o lo que sea). Quizás incluso termine riéndose y considerando que todo fue una tontería.

Al producir sonidos en el fragor de una discusión, lo más probable es que, aunque sus ejercicios conjuntos en el templo tántrico fueran maravillosos y angelicales, los sonidos que emita sean malamente un gruñido. Esos primeros sonidos "ah" u "om" pueden ser difíciles de entonar y por lo general no serán armoniosos. Pero recuerde que a la frecuencia hay que añadir la intención. Cuando empiecen a salir esos sonidos que parecen gruñidos, los resultados podrían ser sorprendentes aunque solo acceda a medias a producir sonidos junto con su pareja.

Otra idea: si le parece que no es suficiente con producir tres sonidos "ah" u "om", puede hacer más de tres. En situaciones difíciles, se recomienda producir aun más sonidos para poder restablecer el equilibrio. A veces es necesario hacer estos ejercicios durante unos minutos para volver a entrar en resonancia con la pareja. Por lo general, los tres primeros intentos son suficientes para alcanzar un lugar emocional en el que ambos se dan cuenta de la necesidad de crear más sonidos juntos. Seguramente invertir un poco de tiempo en restablecer la armonía es mucho mejor que la perspectiva de que uno de los dos pase una noche sin dormir, en el sofá. A veces, como se ha indicado, para cambiar el resultado, basta con tres simples sonidos "ah" (particularmente eficaces cuando se entonan con compasión desde el corazón). Vale la pena intentarlo.

Este capítulo quedaría incompleto si pasáramos por alto la labor realizada por nuestra querida amiga y experta en sanación con el sonido Sarah "Saruah" Benson, una extraordinaria maestra en materia de sonido y amor que ha compartido con nosotros muchos ejercicios distintos con sonidos vigorosos. Quienes hayan leído el libro *Sonidos sanadores* saben que Sarah fue la persona que inició a Jonathan en los misterios del sonido. Posteriormente, Sarah transmitió sus enseñanzas también a Andi. Uno de sus principales campos de especialidad es el trabajo con el sonido para sanar el cuerpo emocional.

Sarah posee un catálogo aparentemente infinito de técnicas emocionales de sanación con el sonido. En esta ocasión, presentamos una de nuestras técnicas favoritas, un ejercicio que llamamos la "Canción de cuna a su niño interior". Los lectores que sean padres conocen el poder que tiene una canción de cuna cuando su hijo pequeño no logra conciliar el sueño o siente dolor y necesita que lo conforten y arrullen.

En una canción de cuna, esto se logra naturalmente con el sonido. Por eso le presentamos un ejercicio en el que puede ayudar a la autosanación de su propio niño interior, confortándose y arrullándose con su sonido de creación propia.

⊠ Canción de cuna a su niño interior

La canción de cuna a su propio niño interior es una extraordinaria herramienta sónica para la sanación del niño interior herido. Es fácil y sencilla. Ante todo, busque un lugar cómodo donde nadie lo moleste. Luego proyecte una intención de amor y ternura incondicionales hacia su precioso niño interior. Es importante crear un espacio en el que tenga la libertad de producir sonidos sin necesidad de ser consciente de su voz. Es importante tener esta libertad con todos los ejercicios del libro, pero sobre todo con este. Probablemente no hará ruidos muy altos, pero es bueno tener esa opción para cualquier sonido que necesite manifestarse en este ejercicio.

Comience por darse un abrazo e imaginarse que entra en contacto con su niño interior. Tal vez desee, con los ojos cerrados, sostener en las manos una almohada o un peluche mientras se imagina a su niño interior. Piense en la edad y el aspecto que tiene: ¿Es un bebé o un niño un poco más grande? ¿Qué ropa lleva puesta? Comience a tararear suavemente durante todo el tiempo que quiera. Deje que su tarareo se convierta lenta y cómodamente en una canción de cuna que se canta a sí mismo. Imagine todos los pensamientos amorosos que se proyectan hacia un lindo niño al cantarle. De ser posible, no trate de cantar una melodía preconcebida. Simplemente permítase ser una vía de transmisión del sonido que desea expresarse.

Si algo aprendimos de Sarah, fue a confiar en la corriente del sonido, es decir, a creer en el poder de los sonidos producidos inconscientemente en conjunción con el amor incondicional para crear milagros. Permita que el sonido de la canción de cuna se exprese a través de usted mientras abraza al niño interior. Si el propio sonido lo desea, irá aumentando a partir del tarareo inicial hasta ser una melodía que arrulla al niño interior. Incluso puede acompañar los sonidos con palabras. Permítase crear cualquier sonido que quiera expresarse a través de usted. Al cabo de unos pocos minutos de estar cantando esta nana (que quedará gloriosa, independientemente de los tonos o notas que haya utilizado), su niño interior será arrullado por estos sonidos que sanan las emociones.

Entonar la canción de cuna a su niño interior es un ejercicio maravilloso para poder entenderlo. El sonido puede hacer un atajo alrededor de la parte del cerebro y la psiquis donde permanecen todas nuestras barreras y bloqueos, y llegar a zonas del consciente y el inconsciente que se han mantenido ocultas o distantes. Al entonar la canción de cuna a su niño interior, tal vez pueda reconfortar y sanar algún aspecto de su personalidad que antes no le era accesible. Tal vez incluso logre sanar problemas profundos.

La canción de cuna a su niño interior con una pareja o compañero

La canción de cuna a su niño interior no es solo para usted. Lo puede realizar con su pareja, particularmente en momentos difíciles. Requiere un gran acopio de confianza e intimidad de parte de ambos, pero la recompensa vale la pena. Cuando lleguen al punto en el que uno de los dos (o quizás los dos) esté dispuesto a recibir el poder de este ejercicio, solo tienen que hacer esto: uno de los dos se entregará a los brazos de su pareja para que lo reconforte y lo arrulle mientras le canta una canción de cuna especial creada especialmente para él o ella en ese instante.

Mientras se encuentre en ese estado de entrega, su pareja comenzará a cantarle la canción de cuna a su niño interior. Tal vez al principio se sienta incómodo, porque esa canción de cuna tiene un gran poder para llegar hasta lo más profundo de las partes ocultas de su ser. No obstante, al cabo de un rato la canción le hará sentir por dentro una profunda resonancia emocional. ¡Recíbala! Reciba el amor y las bendiciones que se le conceden mediante el sonido.

Si lo desea, y si le parece adecuado, también puede acompañar a su pareja en el canto. Sin embargo, para empezar, le recomendamos que se limite a recibir la luz y el amor por medio del sonido creado con la canción de cuna a su niño interior.

⊠ ⊠ ⊠

Experimente con estas estrategias básicas de utilización del sonido para crear cambios en momentos de agitación emocional o cualquier tipo de situación estresante. Estos ejercicios dan resultado, ¡pruébelos! Utilícelos con el poder amoroso de la intención y verá una gran diferencia en su vida y en sus relaciones.

12

SOBRETONOS Y OTROS SONIDOS

EN LAS SECCIONES ANTERIORES, nos hemos concentrado principalmente en utilizar las herramientas de los mantras de las *bijas* y los sonidos vocálicos sagrados. Si esos fueran los únicos sonidos de creación propia que fuera a utilizar, le bastarían para toda una vida o incluso para varias vidas. No obstante, sería inaceptable que no mencionáramos cuatro sonidos adicionales con los que hemos trabajado y hemos descubierto que son particularmente útiles para los cambios de frecuencia.

El primero se le manifestó a Jonathan durante su investigación sobre los armónicos vocales descrita en el libro *Sonidos sanadores*. Es el sonido "nurr" (o *NNNN-UUUU-RRRR*, como preferimos entonarlo). Este sonido se utiliza para abrir un nuevo chakra, conocido como el chakra del ángel, que se encuentra a medio camino entre el tercer ojo y la coronilla. (Abordaremos este chakra más adelante en este capítulo). Este sonido es magnífico para usarlo individualmente o con una pareja o compañero mientras proyectamos luz hacia esa zona.

El segundo sonido, "muahzidt" lo recibimos de nuestras queridas amigas Jill Schumacher y Meredith McCord, practicantes de enfermería y sanadoras que han realizado una labor novedosa en materia de vibración y sonido con los misterios del antiguo Egipto. Este sonido es parte de una antigua práctica egipcia conocida como la "gran labor", en la que se transfería energía desde el chakra raíz hasta el de la coronilla para equilibrar y alinear los centros de energía y los cuerpos energéticos. Hemos añadido un poco más a la forma original en que recibimos el sonido, por lo que lo pronunciamos *MMMM-UUUU-AAAAHHH-ZZZ-III-DDD-TTT*.

El tercer sonido, *"viz"*, es de procedencia desconocida. Nos llegó en una meditación sobre el reino de la naturaleza. Se pronuncia *VVVV-III-ZZZZ*. Más adelante en este capítulo hay una explicación más detallada.

El cuarto sonido es muy similar a los mantras "ah" y "om". Es un sonido universal que, según muchos, representa el nombre de la Divinidad. De todos los sonidos descritos en este capítulo, es definitivamente el más conocido y se encuentra en muchas tradiciones distintas. Se trata del sonido "ju", un mantra poderoso al entonarlo individualmente o con su pareja.

EL SONIDO *NURR*

Utilizamos el sonido "nurr" para enseñar los armónicos vocales. Fonéticamente, se escribe *NNNN-UUUU-RRRR*.

Del mismo modo que la luz normal está compuesta en realidad por todo el espectro de colores, los sonidos que escuchamos y creamos están compuestos por un espectro de tonos que reciben el nombre de armónicos o sobretonos. Los armónicos son sonidos dentro de otros sonidos que componen la textura; en realidad, son los componentes que crean el timbre o coloratura del sonido.

Esos armónicos, o sobretonos, se relacionan matemáticamente entre sí de modo que el primer sobretono vibra al doble de la velocidad del tono fundamental, el segundo vibra al triple de esa velocidad, el tercero vibra cuatro veces más rápido, y así, sucesivamente. Cada sobretono sucesivo va más y más rápido. Sin embargo, eso no significa que seamos capaces de diferenciar entre los sobretonos o escucharlos, sobre todo cuando se trata de los más rápidos y agudos. Los sobretonos no se pueden reconocer individualmente, como tampoco se podrían reconocer los colores del espectro en la luz normal. En el caso de la luz, los colores se pueden separar mediante un prisma. En el caso de los sobretonos, uno puede desarrollar técnicas de uso de la voz para separar y amplificar los armónicos. Específicamente, el lector puede utilizar los sonidos vocálicos presentados en este libro. Sin duda, muchos lectores, cuando hacían los ejercicios con las vocales, deben haberse sentido extrañados con algunos sonidos misteriosos que surgían mientras entonaba la vocal. Quizás haya oído un sonido silbante, un zumbido, o tal vez una voz fantasmagórica. Esos son los sobretonos creados por su voz, también conocidos como armónicos.

Hay sobretonos específicos, creados a partir de sonidos vocálicos, que se asocian con cada uno de los sonidos vocálicos y se manifiestan a medida que se vocalizan. Son aproximadamente los diez primeros de la serie. Algunos cantantes de sobretonos bien entrenados pueden llegar a generar muchos más sobretonos mediante el uso de técnicas específicas.

Como los sobretonos no son el tema de este libro, no habíamos tocado este asunto hasta ahora porque el lector puede hacer cualquiera de los ejercicios presentados anteriormente en el libro sin tener ningún conocimiento consciente sobre los sobretonos. No obstante, en el caso del sonido *NNNN-UUUU-RRRR*, resulta difícil describirlo sin hacer referencia a ese tema.

Jonathan aprendió el sonido *NNNN-UUUU-RRRR* a mediados de los años ochenta gracias al Dr. Ted Levin, miembro del Coro de Armónicos (*Harmonic Choir*), que se lo enseñó para potenciar la creación de sobretonos vocales. Hay muchas técnicas distintas para producirlos; la utilización de sonidos vocálicos no es más que una de ellas. El Dr. Levin indicó a Jonathan que, al crear este sonido, primero debía hacer vibrar la nariz con el sonido "nnnn". Por cierto, además de ser un elemento esencial para crear armónicos vocales, este sonido puede ayudarnos a abrir los senos nasales cuando estamos resfriados.

Intente producir el sonido "nnnn", haciendo vibrar la nariz. Muchos creen que es mejor si se le añade el sonido "iiii", como si se estuviera diciendo "nnnniiii". Resulta útil colocar un dedo a cada lado de la nariz para sentir la sensación de cómo vibra la cavidad nasal. Hemos comprobado que algunas personas tienen dificultad para producir ese sonido nasal en la cabeza; en lugar de ello, la vibración del sonido "nnnn" se les concentra principalmente en el pecho. Ante esa situación, pedimos a los estudiantes imaginar que son niños que gritan "Nah-Nah-Nah-Nah-Nah". Al hacerlo, de repente el sonido pasa a producirse en la cabeza y así los estudiantes pueden sentir la resonancia correspondiente.

El siguiente elemento del sonido *NNNN-UUUU-RRRR* consiste en producir el sonido "uuuu", que se genera al fondo de la garganta. Es muy gutural, como si se estuviese produciendo el sonido vocálico "uh", correspondiente al primer chakra.

Luego viene la parte final del mantra, con el sonido "rrrr" que se produce con la parte delantera de la boca. Esa *erre* alargada es fácil de producir y se asemeja al ruido que hacíamos en la niñez cuando tratábamos de imitar un motor o un avión que despegaba. Al producir ese sonido, la lengua se mantiene a una corta distancia por detrás de los dientes y no toca el paladar, sino que vibra sobre una capa de saliva. Algunas personas lo producen doblando un poco la lengua. Si le resulta difícil, intente añadir el sonido "iiii", como si estuviera diciendo "rrrriiii".

Tal vez ahora mismo usted esté haciendo vibrar la nariz con el sonido "nnnn", llevándolo al fondo de la garganta con el sonido "uuuu", y volviendo a la parte delantera de la boca con el sonido "rrrr". Si ha producido el sonido en esos tres lugares distintos, debería escuchar un ruido agudo como si fuera un silbido. Son sobretonos audibles que ha creado a partir del sonido "nurr". Mientras experimenta con este mantra, mantenga la nasalidad del sonido y mueva levemente la lengua en torno al paladar cuando llegue a la parte final. Si añade el sonido "iiii" al final, esto lo podría ayudar a escuchar armónicos más elevados.

EL SONIDO *NURR* Y LA LUZ

El sonido "nurr" presenta varios aspectos interesantes. Es excelente para aprender a crear armónicos vocales. Es una raíz que significa "luz" en varios idiomas del Medio Oriente y asiáticos. Jonathan produjo este sonido en un templo maya en Palenque e hizo que la cámara se iluminara. Así fue como sucedió:

Jonathan se encontraba en México en 1987 durante la Convergencia Armónica. Una noche, estaba en un templo maya con un grupo de personas. El guía, que seguramente tenía conocimientos esotéricos, indicó una puerta del templo y le dijo a Jonathan: "Haz un sonido aquí".

Entonces apagó la linterna y Jonathan produjo el sonido "nurr", que hizo que el salón se iluminara. El fenómeno fue presenciado por más de media docena de personas. Luego el guía volvió a encender la linterna y el grupo siguió su camino sin hablar más de ello, pero Jonathan nunca ha olvidado la experiencia.

EL CHAKRA DEL ÁNGEL

Diez años después, nos encontrábamos enseñando el sonido "nurr" en un seminario y Jonathan se dio cuenta de que se estaba proyectando una gran energía desde las cabezas de los estudiantes. Pudo ver que la energía se estaba proyectando en la zona entre el tercer ojo y la coronilla. Esa área, que llamamos el chakra del ángel, parece estar asociada a la entrada y salida de luz del cuerpo.

En nuestros seminarios, ahora hacemos que los estudiantes produzcan ese sonido "nurr", mientras lo visualizan atravesando el paladar, los senos nasales y la zona de la hipófisis, la glándula pineal y el hipotálamo, con lo que hacen que se proyecte luz desde esa área (y que también se reciba). Es una de las iniciaciones más impactantes que han experimentado los participantes en nuestros seminarios.

Hemos hecho una explicación detallada del sonido "nurr" para que el lector lo pueda experimentar fácilmente. Es agradable practicarlo solo y aun mejor si lo hace con su pareja. Este ejercicio de sonido es una

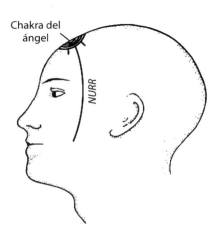

Fig. 12.1. Ubicación del chakra del ángel
y camino que sigue el sonido "nurr"
para activarlo

forma maravillosa de compartir la luz y el amor mediante la conexión de los chakras del ángel de ambos.

Al parecer, el chakra del ángel es un nuevo chakra que recién se está activando en muchas personas que tratan de desarrollar una conciencia superior. Parece ser una manera de atraer más luz y vibraciones más elevadas hacia los cuerpos físicos y etéricos desde las dimensiones superiores. También es una manera de recibir información de los guías y seres angélicos, y por eso recibe el nombre de chakra del ángel.

Le recomendamos que active y utilice el chakra del ángel después de haber activado los siete chakras mediante los ejercicios de sonido contenidos en este libro. Además, le sugerimos que la activación del chakra del ángel no se debería llevar a cabo al mismo tiempo que el trabajo con los siete chakras principales.

El hecho de que el chakra del ángel esté situado a medio camino entre el tercer ojo y la coronilla da a entender que posee cualidades un tanto más espirituales que el tercer ojo, y un tanto menos transpersonales que el chakra de la coronilla. Es una novedad interesante para quienes están realizando un trabajo avanzado con la energía y las relaciones.

Ha sido divertido enseñar a los estudiantes a abrazar a su compañero al producir el sonido "ah" y proyectarse mutuamente la energía del amor, o acercar las cabezas al pronunciar el mantra "om". Ambos ejercicios son vivificantes, pero el trabajo con el sonido "nurr" es distinto. Quizás debido a su poder y eficacia, le sugerimos tener cuidado al buscar un compañero para hacer este ejercicio. Permite acceder a aspectos de nuestra naturaleza divina de una forma muy distinta a cualquier otra cosa que hayamos intentado antes.

⊠ Ejercicio tántrico con el sonido "nurr"

1. Acerquen las cabezas hasta que se toquen las frentes a unos siete centímetros por encima de la línea de las cejas.
2. Produzcan juntos el sonido "nurr" y visualicen cómo la luz celestial de uno se proyecta y se mezcla con la de su pareja. Al producir este sonido, sienta cómo su propia luz penetra en el chakra del ángel de su compañero y, al mismo tiempo, reciba la luz de este.

Se trata de un ejercicio maravilloso para abrirse a los reinos superiores de la conciencia. Al acercar las cabezas y entonar el sonido "nurr" de esta manera, pueden compartir profundamente las energías. Le recomendamos ser muy cuidadoso al elegir a la persona con quien hará este ejercicio. Hasta ahora no habíamos sugerido tanta cautela pero, con este sonido en particular, sí lo consideramos necesario.

⊠ ⊠ ⊠

Tenga presente que, si bien este ejercicio es una manera magnífica de combinar sus energías después de haber terminado las vocales como mantras o los mantras de las *bijas*, de todas maneras le sugerimos que deje pasar un tiempo entre los distintos ejercicios. Suele suceder que la mayor eficacia se obtiene con menos sonido; cuando se repite demasiado un ejercicio, esto puede cancelar el efecto del sonido. Es posible tener una sobrecarga de sonido, hasta el punto en que su poder se anula. Hacemos esta sugerencia porque queremos que usted tenga la mejor experiencia posible.

En los seminarios en que muchas personas pasan por experiencias transformativas con el sonido, hacemos recesos entre un ejercicio y otro. De este modo, los sonidos se pueden asimilar y se permite la activación de nuevos sonidos. Recuerde la importancia del silencio. Independientemente de si está trabajando a solas o con un compañero, no se deje llevar por el entusiasmo. Al dejar pasar un tiempo suficiente entre los distintos ejercicios de sonido, será mejor el efecto de las experiencias sónicas.

MUAHZIDT

Al parecer, el sonido "muahzidt" es una manera rápida de hacer pasar energía por todos los chakras, desde la raíz hasta la coronilla. Aparentemente ese era uno de sus usos en el antiguo Egipto: un sonido que servía para transmitir energía por todo el organismo y alinear los cuerpos sutiles. Resulta útil después de haber alineado los chakras y de experimentar la armonización del cuerpo, la mente y el espíritu. Es un sonido maravilloso cuando se produce acercando las cabezas y dirigiendo la energía de uno a otro.

En el caso de "muahzidt", la primera parte (*MMMMM*) crea el sonido que al parecer hace resonar el cráneo y el chakra de la coronilla. Luego, con intención, se hace bajar esa energía hasta el primer chakra con el sonido "uuu". Después lleve la energía hasta el centro del corazón con el sonido "ah". El sonido "zzz" transmite la energía hasta la zona de la hipófisis y la glándula pineal. Al final, con el sonido "dddttt", se expulsa de la cabeza la energía, que se puede proyectar desde el tercer ojo, el chakra del ángel o el de la coronilla, para alcanzar la activación espiritual.

Como se indicó, el origen de este mantra se remonta a una práctica del antiguo Egipto denominada la "gran labor", que hace que la energía ascienda desde el chakra de raíz hasta el de la coronilla para entrar en comunión con la Divinidad. Esta energía asciende por la columna vertebral y es la chispa vital conocida como *kundalini*. Se dice que es una serpiente enroscada que duerme en el chakra raíz; al despertar, sube por la espina dorsal hasta que llega a la cabeza.

La elevación del *kundalini* es considerada por los swamis y yoguis un aspecto poderoso e importante de la evolución espiritual. A medida que los chakras entran en resonancia y se abren, el *kundalini* se eleva. Se potencian diversas experiencias sensoriales, que producen un aumento de la comprensión, la intuición y la visualización. Con el tiempo, comienzan a manifestarse distintas facultades y capacidades, denominadas *siddhis*. Los *siddhis* pueden ser, entre otros, la teletransportación, la capacidad de leer la mente e incluso el control del clima. Al final, cuando el *kundalini* ha llegado hasta el chakra de la coronilla, se abre la conciencia divina. El sonido "muahzidt", en particular, se utilizaba de esa manera para que esa energía transitara por los chakras, y para conseguir la activación espiritual y equilibrar y alinear los distintos cuerpos sutiles.

No hemos tenido mucha experiencia en el trabajo con este mantra a nivel individual, pero sí cuando lo hemos utilizado juntos como pareja. El sonido "muahzidt" nos permite dar un impulso a la energía para que salga de nuestros cuerpos y penetre en el chakra de la cabeza de la otra persona. El sonido vigoroso es lo que hace que la energía se mueva rápidamente y hemos tenido experiencias maravillosas en ese sentido.

LA DIFERENCIA ENTRE *NURR*
Y *MUAHZIDT*

¿Cuál es la diferencia entre los sonidos "nurr" y "muahzidt"? Puesto que cada uno de nosotros es un ser vibratorio particular, debemos limitarnos a sugerir que experimente con esos sonidos para ver cómo hacen resonancia con usted.

Según nuestra experiencia, el sonido "nurr" es el que se utiliza para la activación del chakra del ángel, a fin de atraer más luz y amor a nuestros cuerpos físico y etérico. Distintas personas han tenido toda clase de experiencias poderosas con este mantra. Quienes han podido activar adecuadamente este sonido suelen describir un rayo de luz en espiral que les baja por la cabeza hasta el centro del corazón y de ahí se dispersa por todo el cuerpo. Esa es una de las experiencias más comúnmente descritas, pero hemos escuchado muchas otras similares. Hay múltiples posibilidades, incluida la de que no pase nada (¿recuerda el relato en que "no sucedió nada"?). Se trata de un sonido espléndido que compartimos gustosamente con usted.

En la "gran labor" egipcia, el sonido "muahzidt" se utilizaba para hacer que la energía ascendiera desde el chakra raíz hasta el de la coronilla, como hemos hecho con las vocales como mantras y los mantras de las *bijas*. Los sonidos "u" y "ooo" producen resonancia con los chakras inferiores, el sonido "ah" hace que el chakra del corazón entre en resonancia y la parte final (*ZIDT*) se concentra en el sonido "iii" para hacer que esa energía ascienda hasta los chakras de la cabeza.

Tanto "nurr" como "muahzidt" son sonidos distintos y poderosos. Después que haya trabajado con cada uno, comprenderá sus distintas funciones y finalidades en su propia vida.

VIZ

Descubrimos el *sonido "viz"* un día mientras meditábamos sobre el reino de la naturaleza. Comprobamos que es un sonido poderoso que hace resonar la energía en la parte de atrás de la cabeza, más o menos por encima de la zona donde termina el cuello y comienza el cráneo.

Al entonar el *sonido "viz"*, la energía se puede llevar desde esa región de la parte de atrás de la cabeza por todo el cráneo hasta la frente. Se puede sentir una corriente de energía que se proyecta hacia afuera desde la frente, alrededor del área del tercer ojo (el sexto chakra).

La parte de atrás de la cabeza suele asociarse con el cerebro primitivo, por sus características no racionales y relacionadas con aspectos de la supervivencia. Esa parte del cerebro está constantemente alerta ante las experiencias que puedan inducir la respuesta de pelear o huir a fin de protegernos. Pero también puede retener antiguas experiencias traumáticas que, al activarse, nos impiden percibir adecuadamente la realidad del momento presente. A veces un comportamiento, persona o sensación en particular hará aflorar un trauma del pasado que puede volver a abrir una antigua herida emocional en nuestro espíritu. Aunque esto no tenga nada que ver con la situación actual, de todos modos tiene un poder que nos avasalla. Por ejemplo, el trauma se puede expresar en una experiencia de pánico aparentemente injustificada. El *sonido "viz"* tiene el potencial de convertir esas energías de los traumas del pasado en patrones más armoniosos, congruentes con lo que está sucediendo en la actualidad.

⊠ Un ejercicio con el sonido "viz"

1. Cierre los ojos y comience a entonar muy suavemente el sonido *VVVVV*, concentrando la atención en la parte de atrás de la cabeza, en el punto

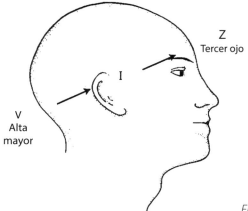

Fig. 12.2. El camino del sonido "viz"

de inflexión que se encuentra un poco más arriba de donde termina la columna vertebral y comienza el cráneo (véase la figura 12.2).

2. Cierre la boca levemente de modo que los labios vibren suavemente con este sonido. Proyecte de forma consciente el sonido VVVVVV hacia la parte de atrás de la cabeza. Mientras siente esa vibración, comience lentamente a modificar el sonido hasta producir una "iiii" (entonándola más bien como una "eh" intermedia entre los sonidos vocálicos "ei" e "iii"). Tal vez sienta el sonido en alguna parte en el medio de la cabeza.

3. Luego vuelva a modificar el sonido hasta convertirlo en "zzz". Para producir este sonido, la lengua se mueve hacia delante y toca el paladar, de modo que el sonido se transmita hacia los senos nasales y más allá. Visualice cómo el sonido se desplaza hasta la frente. Sienta las vibraciones que llegan al tercer ojo.

4. Siga visualizando esta energía que se mueve desde la parte de atrás de la cabeza hasta la frente, alrededor del tercer ojo. Fíjese en las sensaciones que le produce.

Utilización del *sonido "viz"* para la transformación

Ahora pruebe a hacer este ejercicio mientras medita sobre un antiguo patrón de comportamiento que ya no es adecuado (algún miedo irracional, o una emoción o creencia que ya no lo ayuda).

1. Mientras medita sobre ese patrón antiguo, entone el sonido "viz" y concentre la intención sobre el sonido que se desplaza desde la parte de atrás de la cabeza hasta la frente, dejándolo salir por el tercer ojo.

2. Repita tres veces ese sonido y visualización.

En muchas ocasiones, el simple hecho de entonar el sonido "viz", junto con la visualización de liberarse del comportamiento antiguo, puede hacer que dicho comportamiento se transforme mediante las energías de las funciones superiores del cerebro asociadas con la zona del lóbulo frontal en torno al tercer ojo. Puede producir efectos sumamente eficaces y beneficiosos. Tal vez descubra que el sonido "viz" es uno de los más poderosos y armoniosos para sanar al "niño interior" herido, además de ser excelente para transmutar los traumas.

⊠ ⊠ ⊠

CONFÍE EN SU SABIDURÍA INTERNA

Como siempre, la fluidez es clave para crear sonidos sagrados. Aunque quizás usted ya tenga un resultado y una intención deseados, en última instancia el sonido hará su propia voluntad, es decir, lo llevará a donde el propio sonido necesite ir. Tal vez no sea lo que esperaba, pero le aportará lo que realmente necesita para beneficiarse y crecer lo más posible en ese momento en particular.

Ahora le relatamos lo que le sucedió a Jonathan antes de conocer a Andi, cuando estaba impartiendo un seminario con el uso de sonidos y cristales. En una meditación, hizo que los participantes practicaran una visualización en la que utilizaban sonidos y cristales, y luego los dejó meditar. Al final de la experiencia, una mujer tenía la cara enfurruñada. Jonathan le preguntó sobre su experiencia.

"Pues bien", comenzó la mujer, "usted dijo que podíamos ir adonde quisiéramos, así que yo decidí tratar de conocer a mi espíritu guía. Estaba en un hermoso campo, lleno de flores y árboles maravillosos y, de repente, vino corriendo un indio viejo y sucio. Andaba medio desnudo, con un taparrabos, me miró la cara y me hizo señas de que lo siguiera. Bien, yo estaba esperando a mi espíritu guía, por lo que naturalmente lo ignoré. Fue una verdadera decepción. Mi espíritu guía nunca apareció".

Jonathan sintió pena por aquella participante decepcionada y, con mucho tacto, le sugirió que tal vez "el indio viejo y sucio" era realmente su espíritu guía, quizás un chamán poderoso que deseaba enseñarle algún remedio eficaz.

"No", insistió la mujer, "mi espíritu guía debía estar vestido todo de blanco, como un santo. Así debió ser".

Hacemos este relato porque es una muestra de las expectativas que podemos albergar sobre las experiencias espirituales. En realidad, lo que esperamos y lo que necesitamos u obtenemos pueden ser cosas completamente distintas.

Este libro se concentra en el empoderamiento personal y en permitir que las personas maduren sin limitar sus experiencias. Alentamos al lector a que confíe en sus propias experiencias y su propia orientación interior mientras prueba suerte con los ejercicios.

JU: EL SONIDO DE LA CREACIÓN

Examinemos ahora el sonido "ju". Según muchas tradiciones, "om" es el sonido original de la creación; según otras, el sonido original es "ah", pero hay otras que creen que la energía sonora fundamental está contenida en el sonido "ju". En las tradiciones del Shabda Yoga de la India, así como en su equivalente occidental (Camino Maestro y Eckankar), y en el sendero místico islámico del sufismo, se considera que "ju" es el mantra vibratorio más elevados que se puede entonar. Se dice que quien entona el sonido "ju" emprende el camino de la trascendencia, la realización de Dios y la iluminación.

Se piensa que este sonido es el nombre universal de Dios, y que está presente en todos los idiomas. El sonido "ju" se ha descrito de muchas maneras: el zumbido de las abejas, el paso del viento, la flauta de Dios. Se dice que está presente en las palabras que pronunciamos, en los sonidos de los animales, el viento en los árboles, el bramido de las cascadas o el constante golpeteo del mar contra la playa, es decir, en todas partes, en cada plano de la existencia.

Al igual que "ah" y "om", el sonido "ju" es una sílaba simiente. Según como se pronuncie, también se puede percibir como un sonido vocálico, o sea, "u". Este sonido crea energía para restablecer el equilibrio y despejar. Muchos creen que activa el chakra del corazón y el de la coronilla. Cuando se entona en un grupo grande, puede ser sumamente transformativo.

No es de sorprender que diferentes senderos espirituales tengan distintas formas de pronunciar el sonido "ju", el nombre sagrado de Dios. En algunos caminos espirituales de las tradiciones del Shabda Yoga se entona como "yu". En otras variantes del Shabda Yoga se pronuncia "ju". En la tradición sufí, hay incluso una manera especial de entonar ese sonido: separando muy poco los labios, pues ese es el medio principal para producir la vibración del sonido, haciendo que suene casi como una lancha motora o el zumbido de un insecto.

Distintos grupos pueden insistir en que su pronunciación del sonido "ju" es la única correcta pero, independientemente de cómo se vocalice, la entonación continua y alargada de "ju" con intención y visualización puede ayudarnos a alcanzar una conciencia elevada.

LA COMBINACIÓN DE SONIDOS

En este capítulo hemos presentado cuatro sonidos que se pueden utilizar con fines de transformación personal y en pareja. Han sido de probada eficacia cuando los hemos utilizado en el trabajo individual y con grupos. Los hemos presentado aquí para su disfrute y transformación personal. Hay cientos o miles de otros sonidos que también podrían generar experiencias vibratorias.

Del mismo modo que se pueden degustar muchas creaciones culinarias, nunca nos oponemos a probar diversas combinaciones de sonidos de distintas culturas. A veces se crean mantras mediante la combinación de sonidos. Por ejemplo, si se combinan "ah", "ju" y "om", obtenemos básicamente el magnífico cántico purificador de la tradición del budismo tibetano: "om-ah-jum".

En el budismo tibetano, "om-ah-jum", el mantra de la bendición, suele preceder la recitación de otros mantras. En este contexto, "om" representa el principio del cuerpo universal que hace resonancia con el centro de la coronilla; "ah" simboliza el principio del sonido creativo y la expresión pura que hace que el chakra de la garganta entre en resonancia; y "jum" es el principio del amor de la mente iluminada de todos los budas en el centro del corazón. Este mantra se utiliza al principio de muchos rituales y bendiciones debido al poder que tiene de purificar la negatividad y amplificar la energía positiva.

Otro ejemplo consiste en combinar una de las vocales utilizadas como mantras y una *bija* de los mantras. Por ejemplo, al hacer que el segundo chakra entre en resonancia, se combinan la vocal y la *bija* del segundo chakra y se obtiene como resultado el sonido "uuu-vam". O, si se trata del chakra al corazón, se utilizaría la vocal y la *bija* del cuarto chakra y se obtendría el sonido "ah-yam", y así, sucesivamente. También es posible invertir la posición pronunciando primero la *bija,* de modo que para el chakra del corazón, sería "yam-ah". Las posibilidades son infinitas.

Hacemos hincapié en la importancia de dejar pasar un tiempo entre los distintos ejercicios con sonidos. Por ejemplo, tal vez el efecto de pasar directamente de las vocales como mantras a los mantras de las *bijas* sea demasiado. Puede haber sobrecarga sónica cuando uno olvida hacer silencio entre los distintos sonidos. Cuando esto sucede, la vitalidad del ejercicio es menor. Debemos dejar tiempo entre los distintos ejercicios.

A veces nos llegan otros mantras y sonidos sagrados de personas, libros, grabaciones, meditaciones o sueños. Por lo general, nuestro único requisito previo para probar con un nuevo mantra es tener cierta idea de su finalidad. Entendemos que cada persona es única como ser vibratorio, y por eso sabemos que no todos tendremos las mismas experiencias. No obstante, como viajeros por el sendero del sonido, queremos llevarnos una idea de lo que se puede lograr con el sonido. Si seguimos la fórmula "Frecuencia + Intención", significa que debemos asumir la responsabilidad que nos corresponde sobre el conocimiento de los sonidos sagrados.

Hace casi veinticinco años, al comienzo de su travesía con el sonido, Jonathan participó en las actividades de un grupo de seguidores de un gurú. Había en la habitación unas treinta personas y, después de la bienvenida pronunciada por el director del grupo, todos recibieron una hoja impresa y se les indicó que iban a realizar cánticos. Jonathan miró la hoja y se dio cuenta de que el cántico era en un idioma ininteligible. Con su ingenuidad (o sabiduría), preguntó cuál era el significado del cántico y para qué se utilizaba. Nadie tenía la menor idea, ni siquiera la persona que dirigía la sesión, pero estaban seguros de que debía ser bueno porque provenía de su gurú. Jonathan les preguntó cómo era posible que hicieran cánticos si no conocían su significado ni finalidad.

Desde nuestra perspectiva, creemos que si uno va a entonar sonidos sagrados en otro idioma, es importante tener al menos una idea de lo que significan. Hay miles de cánticos distintos y específicos y por lo general muchos de ellos surten algún efecto. Eso es maravilloso, pero uno no debería estar obligado a entonar un cántico para que llueva el tercer martes del mes, o para recibir una gran cena de arroz y frijoles ni nada por el estilo. Cada cual tiene el derecho a conocer el significado de un cántico en particular. Sea consciente y confíe en su orientación interior.

Explore los sonidos sagrados de las múltiples tradiciones que existen en el planeta. Si encuentra un mantra (una frase sagrada) que haga resonancia con usted, definitivamente lo debe probar. Hay mantras en sánscrito y en hebreo. Hay mantras tibetanos, de indios americanos o islámicos. Los hay en swahili, en japonés, en latín, en griego y en arameo. Hay mantras esquimales y mayas. Los hay en chino, en inglés o en español. Podríamos seguir, pero creemos que ya entiende la idea.

Sea selectivo y conocedor de los sonidos que produce. Sepa a nivel externo e interno que el sonido que está a punto de producir es adecuado para usted. No creemos que se pueda producir algún daño o lesión, pero es importante conocer lo que significa el mantra, de dónde provino, cómo se supone que se debe utilizar y cuál sería su efecto particular. De ser posible, cuando sienta alguna resonancia con un mantra o sonido, siga utilizándolo durante un tiempo, pues la perseverancia es importante. Con los ejercicios de este libro, mientras más atención ponga a un ejercicio, mejor lo hará y mayor será su eficacia. No haga como una mariposa que revolotea de un fragmento de sonido a otro, probando con las vibraciones de los mantras de distintas tradiciones, pero sin comprometerse con ningún sonido en particular.

A continuación les hacemos un último relato que hace muchos años nos contó el Dr. Randall McClellan, pionero en el campo del sonido y la sanación.

ABDUL Y EL INSTRUMENTO MUSICAL

Abdul tenía un instrumento musical extraordinario, hermosamente tallado y con numerosas y largas cuerdas. Pasaba horas cada día tocando aquel instrumento maravilloso. Pero, a diferencia de sus amigos, que tocaban gloriosas melodías y armonías en sus instrumentos, Abdul dedicaba horas y horas a rasgar la misma cuerda una vez tras otra. Un día, su amada esposa no aguantó más y le dijo: "Querido esposo mío, a quien amo de veras con todo el corazón, tengo que hacerte una pregunta".

Abdul dejó de tocar, sonrió y la miró a la cara. "¿Qué deseas saber, querida?"

"Ay, amado mío, tienes ese bello instrumento que pasas tocando horas y horas, como tus amigos. Pero este maravilloso instrumento tiene muchas cuerdas y muchas partes donde puedes poner los dedos y crear una infinidad de sonidos distintos. Todos tus amigos tocan melodías y armonías maravillosas, como si mil canciones salieran de sus instrumentos. ¿A qué se debe que tú sigas tocando la misma cuerda hora tras hora, día tras día?"

Abdul sonrió mientras volvía a rasgar la misma cuerda. "¡Mi querida esposa, es así porque todos los demás siguen buscando su propia nota, pero yo ya encontré la mía!"

La moraleja es que cada uno tiene que buscar su propia nota.

13

LA APLICACIÓN
DE DISTINTOS
SONIDOS Y MÚSICA

EN NUESTROS SEMINARIOS, muchos nos preguntan sobre distintos tipos de música y, en especial, sobre qué música utilizamos en distintas situaciones. Nosotros partimos de la creencia fundamental de que todos somos seres vibratorios únicos. Ese concepto se basa en nuestras experiencias, investigaciones, observaciones e intuición. Lo que funciona para una persona puede no funcionar para otra. Lo que un crítico percibe como una obra de arte extraordinaria, a otro puede parecerle poca cosa. En otras palabras, distintas personas requieren distintos enfoques. No obstante, en este capítulo, describiremos principios básicos del sonido y la música que puede aplicar en su travesía con el sonido.

En los seminarios, preguntamos a los participantes cuántos son alérgicos a la penicilina. Siempre alza la mano entre el diez y el quince por ciento del público y, a veces, el porcentaje es aun mayor. Quiere decir que, para la mayoría de nosotros, la penicilina puede salvar vidas ante una infección bacteriana. Pero hay un pequeño porcentaje de personas para quienes podría ser perjudicial. Lo mismo se aplica a cada forma de vibración, sonido o música. Si tenemos en cuenta la gran diversidad de seres humanos, con sus ritmos vibratorios y excentricidades, consideramos imposible que un solo sonido, o un solo alimento o sustancia química, surta el mismo efecto sobre todas las personas.

A veces, el porcentaje de personas que tienen reacciones adversas a un sonido particular puede ser muy bajo. Por ejemplo, tal vez el noventa y nueve por ciento de la población responda favorablemente a una grabación o a un sonido pero siempre hay una persona que no lo puede tolerar. Puede tratarse de un oyente insatisfecho o de alguien que pregunta en un correo electrónico: "¿Qué rayos fue ese sonido que escuché? Era insoportable".

En nuestros seminarios, damos la oportunidad a todos de experimentar los diapasones pitagóricos (que se abordan en el apéndice A). Es una experiencia positiva y de disfrute para casi todos, pero en ocasiones alguien tiene una experiencia desagradable. Lejos de tomarlo como algo personal, reconocemos la singularidad de cada individuo, respetamos la experiencia de esa persona y seguimos adelante. Para nosotros la razón en que se basa la reacción adversa resulta siempre un misterio, aunque sabemos que cada uno de nosotros es un ser vibratorio único.

Una vez nos llamó un amigo que se había pasado una semana enfermo después de haber recibido tratamiento de un terapeuta del sonido. Nuestro amigo usó la grabación de Jonathan *Dolphin Dreams* ("Sueños con defines") y así fue como recuperó su estado de equilibrio. Cuando le informó sobre su experiencia al terapeuta que le había administrado la frecuencia, este le dijo: "¡Te enfermaste porque tenías mucho desequilibrio en tu cuerpo!" Nuestro amigo nos pidió opinión. Le dijimos que tal vez la frecuencia que había recibido fuera inadecuada y quizás no debería volver a verse con ese practicante de la terapia sónica. Sin embargo, volvió, recibió otra dosis del mismo sonido y de nuevo sucedió lo mismo. No regresó para una tercera sesión.

Si reacciona positivamente a un producto (un aroma, color, suplemento o sonido) probablemente es bueno para usted. En particular, si le gusta un sonido y le hace sentir bien, siga usándolo. Recomendamos que si comienza a tener una reacción adversa, cese de inmediato de usarlo. Si bien es posible que usted no se encuentre en equilibrio con ese sonido, si la reacción adversa continúa, también es muy posible que el propio sonido no sea adecuado para usted. Como cada persona es única, nos gusta tratar los sonidos y la música como una ciencia más subjetiva que objetiva.

Se podrían escribir, y de hecho se han escrito, libros sobre la música que es buena para uno y la que no lo es. Pero ese no es nuestro objetivo, ni nuestra creencia. En cada momento, lugar y según la necesidad de cada uno, consideramos que casi cualquier música podría tener efectos terapéuticos. De cierto modo, todo es cuestión de perspectiva. Si uno quiere permanecer despierto mientras conduce tarde en la noche, no sería bueno ir escuchando una música suave y relajante que ayuda a inducir el sueño. En dicha situación, sería más adecuada una música estimulante que actúe como cafeína sónica.

LA PSICOLOGÍA DE LA MÚSICA

En la década de 1930, Carl Seashore desarrolló la psicología de la música. Entre las áreas que exploró estaban las reacciones de las personas ante distintas músicas. Hizo una prueba sobre las respuestas de muchas personas en ese sentido y halló que nadie coincidía con otros al cien por ciento. Probablemente, el mayor porcentaje de respuestas similares que tuvo a una pieza musical fue al reproducir la marcha patriótica estadounidense "Stars and Stripes Forever". Aproximadamente el setenta por ciento de los participantes hallaron esta música estimulante. El resto la consideró aburrida o deprimente. Seashore quedó sorprendido al ver reacciones tan variadas.

Parece que las cosas no han cambiado mucho desde entonces (al menos en lo que se refiere a las personas y la música). Por eso, subrayamos que su respuesta a la música puede ser diferente a la de otras personas. Dicho esto, nos gustaría proponer algunas ideas a este respecto.

En primer lugar, hay ciertos efectos psicoacústicos genéricos con los que casi siempre se puede contar. Uno de ellos es que la música rápida estimula el sistema nervioso mientras que la música lenta lo calma. Si quiere estimular a alguien, use música animada, con ritmos rápidos y muchos cambios dinámicos. Si quiere relajación, utilice música lenta y apacible, con un énfasis mínimo en el ritmo o en los cambios dinámicos. Por ejemplo, la música tocada a unos sesenta compases por minuto ayudará a inducir estados alfa (8 a 13 Hz) que desaceleran el ritmo cardíaco, la respiración y las ondas cerebrales. Jonathan suele utilizar música aun más lenta en algunas de sus grabaciones de meditación y sanación. Ahora bien, si se duplican esos sesenta compases hasta ciento veinte y, en particular, si se acentúan los compases, se producirán buenos ritmos para el movimiento y el baile.

Si su intención es relajarse y tranquilizarse, utilice música lenta. No hay que saber cuántos compases por minuto tiene la música para sentir su efecto. Si la música le hace querer moverse, no será útil para lograr un efecto sedante. Si quiere música para hacer ejercicios aeróbicos, utilice música rápida. Si está buscando música para hacer ejercicios, la música lenta no le ayudará, ya que su sistema nervioso (y muscular) tratará de responder a la inducción que le proporciona la música lenta. Esto no es bueno si usted desea quemar calorías y tonificar los músculos.

LA ELECCIÓN DE LA MÚSICA

Elija música que resulte congruente con su actividad. Si desea relajarse antes de ir a la cama, la música lenta usualmente funcionará mejor. ¿Quiere una comida grata y sosegada? Escuche música que no sea demasiado rápida, rítmica o capaz de distraerlo. ¡No ponga música animada! Y no alce el volumen demasiado porque la música fuerte (y los sonidos fuertes en general) inducen a la respuesta de pelear o huir, lo que acelera su ritmo cardíaco, respiración y ondas cerebrales, y puede producir estrés, en particular cuando se escucha durante largos períodos de tiempo.

Los sonidos fuertes pueden ser adictivos porque estimulan el sistema nervioso central y hacen que se libere adrenalina. Muchas veces, las experiencias de ímpetu que produce la música pueden darse más debido a su volumen que a la respuesta emocional. Ello puede ocurrir con cualquier tipo de música, incluida la clásica. Por supuesto, la música fuerte y rápida es el estimulante más eficaz del sistema nervioso porque se reciben dobles dosis de efectos psicoacústicos, debido a los ritmos y el volumen. Esto es muy bueno para mantenerse alerta en la noche al conducir, pero esos sonidos no son tan beneficiosos cuando uno se encuentra en una apacible cena.

La próxima vez que vaya a un restaurante de comida rápida escuche la música. Lo más posible es que sea una canción acelerada, seguramente de estilo pop. La mayoría de las veces esto no es casual ya que los dueños de estos restaurantes saben qué tipo de música hace que la gente entre y salga sin demora.

Muy pocos están al tanto del poder de la música, y aun menos conocen la relación entre la música que escuchan y las actividades que realizan. A veces, sugerimos que las personas configuren sus propias "prescripciones sónicas", tomando nota de las actividades que realizan a menudo, y luego piensen en qué tipo de música deberían oír que se relacione de la mejor manera con esta actividad.

La capacidad de transigir es una parte importante de la utilización del sonido con fines tántricos en las relaciones. Es maravilloso si ambos tienen los mismos gustos, pero no es común que eso ocurra. Lo más probable es que si sus gustos musicales son los mismos que los de su pareja, difieran en otros gustos. Esto puede ser una bendición ya que la mayoría nos aburriríamos si nuestras parejas compartieran gustos idénticos a los nuestros. Tampoco tendríamos la oportunidad de crecimiento personal que tiene lugar cuando experimentamos con cosas que normalmente no haríamos. Incluso si no le gusta la selección musical que ha hecho su pareja, al practicar la fluidez que hemos sugerido, tal vez podrá transar y encontrar una música que ambos puedan escuchar juntos. Puede que no sea su música favorita, pero al menos será algo con lo que ambos puedan entrar en resonancia.

Conviene señalar que, aunque somos verdaderamente seres vibratorios únicos, al parecer los gustos musicales tienen algo que ver con la edad, aunque no podemos estar seguros de qué es, salvo que quizás en la medida en que envejecemos nuestro sistema nervioso y el metabolismo cambian. Antes podíamos hacer las tareas escuchando a todo volumen en la radio los éxitos musicales del momento, y ahora necesitamos silencio o música ambiental para concentrarnos.

No obstante, eso no significa que recomendemos que los jóvenes escuchen música pop mientras estudian. Las investigaciones indican que la música que no distrae (por ejemplo, instrumental, sin letra o con un fuerte factor de reconocimiento de la melodía) sería lo mejor para ayudar en el proceso de aprendizaje. Algunos sugieren que Mozart es lo mejor para estudiar; otros recomiendan a Bach; jazz clásico a ligero, música ambiental al estilo *New Age* o, incluso, los propios sonidos ambientales son buenos para potenciar el aprendizaje. Estos tipos de música no son particularmente capaces de distraernos; pueden escucharse como sonido de fondo, pues estimulan mínimamente el oído y el sistema nervioso sin hacer que la atención se desvíe de los materiales de estudio.

Nuestro propósito es simplemente señalar las diferencias musicales que se manifiestan entre diversos grupos de edad. Esto nos hace recordar el momento en que nuestros padres escucharon *rock and roll* por primera vez. Si usted hubiera sido adolescente en la época de Elvis Presley o los Beatles, su reacción probablemente habría sido muy distinta a la de sus padres o abuelos. A decir verdad, algunas de esas diferencias son culturales y sociológicas, mientras que otras son neurológicas, hormonales o metabólicas. Sin duda, también hay razones emocionales, mentales y espirituales que explican por qué cada uno responde de manera diferente a la música.

EL PRINCIPIO ISO

Como prefijo, "iso" significa igual. Como técnica terapéutica, el principio ISO (de "identidad sonora") se utiliza para hacer coincidir diferentes conductas e inducir diversos estados de ánimo en sus clientes. Un terapeuta musical comenzará por buscar la música que mejor refleje el estado de ánimo del cliente y después cambiará gradualmente la música para seguir ayudando a su cliente en el proceso de sanación. Por ejemplo, si un cliente estuviera triste y deprimido, el terapeuta podría comenzar con música lenta y de ritmo suave que propicie la expresión de las emociones, y luego iría aumentando el ritmo de la música hasta inducir en el cliente un estado de mayor regocijo.

El principio ISO ayuda a explicar por qué una persona tal vez no reaccione a la música del mismo modo que otra, incluso si la música lleva codificadas diversas frecuencias de inducción sónica. Como hemos expuesto, algunos sonidos afectan el cerebro y el sistema nervioso.

Hemos constatado muchos de los extraordinarios descubrimientos en ese campo, pero, a pesar de los conocimientos de psicoacústica, no es posible determinar exactamente cómo la música afecta a una persona en particular. Si uno está nervioso y estresado, tal vez no le venga bien la música apacible y relajante con frecuencias de inducción favorables al sosiego. Tal vez esté demasiado tenso como para recibir esa influencia, en cuyo caso sería necesario emplear primero música que refleje su estado nervioso (rápida, frenética) y luego comenzar a exponerlo a una música lenta para influir en el sistema nervioso de la persona y llegar a calmarlo y relajarlo.

El sonido es una herramienta extraordinaria y poderosa, pero no es mágico. En 1989, Jonathan presentó su documento de investigación sobre la "inducción sónica" en la reunión de la Sociedad Internacional para el Uso de la Música con fines Medicinales que tuvo lugar en el Centro Eisenhower, en Rancho Mirage, California. El informe se refería a cómo el conocimiento científico de ciertas frecuencias muy relacionadas podría servir para condicionar los lóbulos predominantes del cerebro mediante la inducción de los sonidos.

La primera pregunta la hizo un médico: "¿Cómo se puede diferenciar entre lo que usted acaba de describir (esa inducción sónica) y la manipulación mental?"

Jonathan respondió que la inducción sónica no es inmutable ni indetenible. Alguien que quiera experimentar cambios en sus ondas cerebrales puede hacerlo mediante el proceso descrito. Sin embargo, si está temeroso o reacio o su sistema nervioso hace resonancia a una frecuencia demasiado distinta, la inducción sónica tendrá un efecto escaso o nulo.

Constantemente experimentamos el efecto de inducción con diferentes frecuencias, a menudo por muchos objetos de la cotidianidad que generan sonidos u ondas eléctricas, incluida la televisión. El simple hecho de que nuestras ondas cerebrales hagan resonancia con una frecuencia particular no significa que haya ocurrido un cambio de conciencia. El simple acto de ver la televisión suele ponernos en el estado alfa (lo que sin duda explica por qué nos sentimos tan relajados en esos casos). Sin embargo, ser un teleadicto cuyo cerebro funciona a 8 Hz (o cualquier otro nivel) es muy distinto a ser un monje Zen cuyo cerebro funciona a la misma frecuencia.

En otras palabras, la diferencia entre la inducción y la manipulación mental es que esta última intenta inculcar un contenido específico que tendrá un efecto permanente. Es importante entender esto. Si bien hay una relación entre los estados de conciencia y la actividad de ondas cerebrales, no se trata de una correlación estricta. Lo que usted esté haciendo con su conciencia en ese momento (a dónde va su mente, sus visualizaciones, su proceso de pensamiento) es de la mayor importancia. Se constata una vez más la fórmula "Frecuencia + Intención".

MÁS DETALLES SOBRE LA "INTENCIÓN"

Creemos que nada de lo explicado en este libro dará resultado al cien por ciento para todos. Siempre hay excepciones. Veamos un ejemplo: Si usted quedara atrapado durante horas en una habitación donde se le bombardea con frecuencias específicas por altavoces, probablemente experimentaría grandes cambios, que incluso podrían ser nocivos para el sistema neurológico. Sin embargo, ese tipo de efecto nunca sería una de las consecuencias del empleo de las técnicas vocales de creación propia que hemos descrito en este libro. En cuanto a la música grabada, a pesar de los avances de la tecnología del sonido y la psicoacústica, los sistemas normales de reproducción de sonido (incluso si se usan audífonos) no tienen el poder de "arrastrar" a una persona si no es su deseo.

Cuando Jonathan estaba investigando para escribir *Sonidos sanadores,* envió un cuestionario a docenas de personalidades reconocidas en el campo de la música para la sanación (músicos, médicos, sanadores y científicos de varios países).

En el cuestionario se les preguntaba qué tipo de música escuchaban en distintas actividades, como levantarse en la mañana, hacer ejercicios, comer y otras. Aunque era consciente de la singularidad de cada persona, en particular de cómo respondemos a las elecciones musicales, Jonathan se sorprendió al hallar que casi todas las respuestas eran diferentes. Esto lo convenció aun más de nuestra individualidad. No había consenso sobre la música para ninguna actividad. Cuando preguntó sobre la música que se usaba para despertar en la mañana, algunos escuchaban apacibles sonidos de la naturaleza como el canto de aves; otros escuchaban flautas, música clásica lenta o rock ligero. Dos médicos, que vivían en partes distintas de Alemania y no se conocían, se despertaban al compás de marchas alemanas.

Hacer una "prescripción sónica" para uno mismo puede ser útil para comprender los tipos de música que nos gustan para diferentes actividades. Veamos algunas categorías que se podrían considerar.

¿Qué música oye cuando...?

- ¿despierta?
- ¿hace ejercicios o actividades físicas?
- ¿estudia o realiza actividades mentales?
- ¿cocina o limpia?
- ¿se relaja o se prepara para dormir?
- ¿conduce su automóvil?
- ¿hace el amor?
- ¿usa la computadora?
- ¿quiere estar alegre?
- ¿se siente triste?
- ¿siente miedo?
- ¿quiere quitarse la melancolía?
- ¿baila?
- ¿medita?
- ¿come?

La mayoría de las categorías pueden dividirse en dos grupos: música que estimula, como la de ritmo rápido con la que se puede bailar; y música que calma, como la de sonidos apacibles del entorno que suele utilizarse para dormir.

Conocer los distintos tipos de música que usa para distintas actividades puede ser eficaz para ayudarle a entender sus propias respuestas a la música. Comience por fijarse en sus propias preferencias y aversiones musicales, y compruebe qué tipo de música hace resonancia con usted. Si tiene pareja o compañero, pídale que se ponga a observar y tomar nota de esa información. De esa manera, cuando estén juntos, pueden comparar las notas. Vea si están de acuerdo o no en el uso de una pieza musical para una circunstancia particular. Luego al menos pueden valerse de esa información para tratar de encontrar algo que funcione para los dos.

Hemos visto a personas que se mantenían firmes (y rígidas) en cuanto a sus preferencias musicales. Algunas se mostraron reacias a ir más allá de lo que consideraban "buena" música y, a veces, llegaban a ponerse tensos y enojarse con la idea de que los hiciéramos escuchar otra música. "¡Póngame a Beethoven o máteme!" Uno de los elementos de la fluidez en las relaciones es la capacidad de transigir. Esperamos que a través de los ejercicios e información que se ofrecen en este libro usted se haga de herramientas y habilidades que lo ayuden a superar estas cuestiones.

Cuando haya hecho sus selecciones, piense en por qué esa música le da resultado. ¿El ritmo y las pulsaciones que se generan estimulan o calman su sistema nervioso? ¿O es porque oyó una pieza musical en un momento de su vida y siempre que la escucha le viene a la memoria ese recuerdo? La inducción emocional con música es común y es importante para entender el uso de la música como influencia en sus actividades físicas y su conciencia. Al observar cómo y por qué lo afectan los distintos tipos de música, podrá llegar a algunas conclusiones interesantes sobre usted mismo y su vida.

Andi está convencida de que es bueno tomar nota de los pensamientos, ideas, sentimientos y emociones, es decir, absolutamente todo lo que sea de importancia para ella. Le sugerimos que lleve un diario en el que registre las diferentes canciones y el efecto que le producen. También podría plasmar en un diario sus pensamientos y sentimientos en relación con cualquiera de los ejercicios y experiencias de que trata este libro.

Sea un explorador sónico y descubra nuevos territorios musicales por su propia cuenta o con su pareja. Hay cientos de miles de canciones y muchísimos géneros. Haga su prescripción sónica y determine qué música es mejor para cualquier actividad que realicen su pareja o usted. De igual modo que el Buda reveló el "camino intermedio", pueden hacerlo su pareja y usted, aunque estén separados por sus gustos musicales. Seguramente hallarán un término medio musical que les permita estar juntos en armonía y paz.

14

Y AL FINAL

MÚSICOS, FILÓSOFOS Y MAESTROS ESPIRITUALES de todas las procedencias, desde los Beatles hasta los budistas tibetanos, nos han dicho que más que el dinero, la fama o los actos realizados, el aspecto de mayor importancia en la vida (que al final tiene mayor trascendencia) es el amor que hemos dado y el que hemos recibido. A la mayoría de las personas, cuando están en su lecho de muerte y esperan pasar "al otro lado", no les interesa la cantidad de horas que estuvieron en Internet o el tiempo que dedicaron al trabajo, sino cuánto amor dieron y recibieron. Aparentemente, es cierto que todo lo que necesitamos es amor.

Cuando decimos amor, nos referimos a la ternura auténtica del amor incondicional, la bondad amorosa y la ausencia de reproche al prójimo. Hay muchas formas diferentes de amor. Quizás la mayor que conocemos es la del amor incondicional, al que muchos llaman compasión. Recomendamos encarecidamente el libro *Unconditional Love* [*Amor incondicional*] de Ed y Deb Shapiro (Time Warner, 2003) para profundizar en ese importante tema.

A menudo, en los seminarios utilizamos diferentes mantras para manifestar la bondad amorosa y la compasión. En particular, solemos enseñar el cántico "Om Mani Padme Hum" de los budistas tibetanos. Es un canto que invoca el *bodhisattva* de la compasión, Avalokitesvara. También ayudamos a los participantes a realizar "Danzas de trance de Tara", en las que, en medio de los toques de tambor y el baile, se entona el mantra "Om Tara Tu Tare Ture Svaha" dedicado a Tara, la diosa tibetana de la compasión. Hemos comprobado que, al experimentar sonidos durante largos períodos de tiempo (como sin duda ha hecho usted con los ejercicios de este libro), no solo se modifica el ritmo cardíaco, la respiración y las ondas cerebrales, sino la propia conciencia.

Como todo en el universo se encuentra en un estado de vibración y todo es una forma de onda, la compasión también se encuentra en ese estado. Lo mismo sucede con las diferentes deidades y seres que representan la compasión. Durante los seminarios solemos pasar entre los participantes una imagen de Avalokitesvara mientras describimos los distintos atributos de esa deidad y del cántico "Om Mani Padme Hum"; o distribuimos una imagen de Tara, y comentamos sus atributos y cantamos. Les decimos a los participantes que, si bien ambas imágenes son representaciones del *bodhisattva* de la compasión, ello no limita en modo alguno lo que queremos visualizar ni lo que se podría manifestar ante nosotros durante el ejercicio.

En China, el Avalokitesvara masculino se ha transformado en la entidad femenina Quan Yin. Hace poco vimos una antigua pintura japonesa de Quan Yin, representado como una mujer con bigotes, por lo que quizás el género de esa entidad todavía es una interrogante. En el budismo tibetano, el aspecto femenino de Avalokitesvara es Tara. Es su consorte y, según se cuenta, nació de una lágrima de compasión vertida por él. Sin embargo, desde nuestra perspectiva, Tara es simplemente una representación física de cientos de formas diferentes de la divina diosa de la compasión conocida en cientos de tradiciones distintas con cientos de nombres diversos. En las tradiciones aborígenes, es la Diosa de la Tierra. En las tradiciones occidentales, se le percibe como la Gran Madre o la Bendita Virgen María. En Occidente, su equivalente masculino puede entenderse como el ser más compasivo de todos, a quien llamamos Jesucristo. Para muchos, María Magdalena es considerada la esposa o compañera de Jesucristo, además de su principal apóstol.

La energía de la compasión como forma de onda se representa a menudo de manera antropomorfa en muchas culturas y tradiciones espirituales del planeta, con distintos nombres de muchos seres, pero en esencia la energía es la misma y es de carácter transformativo, independientemente de si se atribuye a Jesucristo, Tara, María o a cualquier otra figura.

Desde la perspectiva occidental, entendemos que la compasión significa amor incondicional. Pero ese concepto es extraño para muchos, por lo que proponemos en su lugar el de bondad amorosa, ternura o aprecio. ¿Por qué resulta tan difícil de entender el amor incondicional? Tal vez porque nuestras experiencias de amor han sido muy condicionales: Te amaré si... haces la tarea, te eligen para el equipo de fútbol, ganas mucho dinero, te haces médico, me llamas los domingos, cocinas bien para mí, me lavas la ropa, etc.

Podemos seguir mencionando los "si" que se dan con el amor condicional. El amor desinteresado, incondicional, es algo desconocido para la mayoría de nosotros. Por eso, al final de nuestro cántico "Om Mani Padme Hum" (el "Mani"), cuando permanecemos sentados en silencio y meditación, no es inusual que muchos experimenten el perdón. Esto parece ser un paso esencial en la manifestación de la compasión y el amor incondicional. Comúnmente, esa misericordia se da primero hacia uno mismo y luego hacia los demás.

Ya nos hemos referido a cómo muchos de nosotros cargamos con heridas emocionales desde la infancia, asociadas con el sentimiento de ser malos, ingratos, culpables, inmerecedores o indignos de ser amados. En consecuencia, podemos tener poca autoestima o una mala imagen propia.

Lo que importa es que la capacidad de generar el perdón para con uno mismo es un primer paso esencial en la sanación de esas heridas. El uso de estas técnicas de sonido con una intención de perdón para manifestar compasión hacia nosotros mismos y los demás es una herramienta útil para poner en marcha ese proceso.

Al parecer, la falta de amor propio que muchos tenemos está vinculada con nuestros sentimientos de separación de la Divinidad (el Dios, la Diosa, o comoquiera que llame a esa energía). Una de las ventajas de trabajar con el tantra del sonido es que se pueden deshacer las barreras entre el yo y lo sagrado. Nos ofrece una línea directa hacia lo Divino, con acceso instantáneo a la red de la vida. En la medida en que nos percatamos más del amor que nos une, nos hacemos más conscientes de que somos lo mismo que todo lo que existe. Aunque todos seamos únicos, también somos aspectos de lo Divino.

Por eso la utilización de sonidos para manifestar la bondad amorosa tiene gran capacidad sanadora para nosotros y los demás, pues crea unidad. Después de cantar el "Mani", pedimos hacer una breve meditación. En ella, los participantes se imaginan como seres divinos que tienen la capacidad de generar compasión y bondad amorosa hacia el prójimo. Primero, generamos esa energía sanadora hacia alguien que amamos, luego hacia alguien que no conocemos y después hacia alguien con quien tenemos problemas.

Esa última proyección es la más difícil, pero es la más importante. Es fácil generar bondad hacia alguien que conocemos, y no es tan difícil hacerlo hacia alguien que no conocemos. Pero, enviar deseos de bondad amorosa y sanación hacia alguien con quien hemos tenido desencuentros es un verdadero logro.

Su Santidad, el decimocuarto Dalai Lama, declaró una vez que los chinos habían sido sus mayores maestros. Al ser la encarnación de Avalokitesvara, el propósito del Dalai Lama es generar compasión. Si se examina la vida de distintos maestros espirituales, se hallará que todos han mostrado el poder del amor y la compasión.

Para cerrar el tema de este libro, no querríamos dejar de incluir un último ejercicio que tal vez sea el más importante de los que hemos presentado, titulado "Fragmentos de sonidos de las vocales como mantras". Lo que denominamos "fragmento de sonido" es una versión de un ejercicio anterior mucho más extenso. Hemos visto que debido a las limitaciones de tiempo y las excusas, muchos prueban a hacer lo que indicamos en este libro, solo una vez y no más. Como el sonido es una herramienta tan poderosa y creemos que es importante que todos hagamos resonancia con algún sonido diariamente, hemos creado este breve ejercicio de sonido, fácil de practicar todos los días. Con frecuencia, nosotros mismos usamos la excusa de que "no tenemos tiempo", por lo que decidimos crear este ejercicio tanto para nosotros como para los demás. He aquí una versión breve de las vocales como mantras. Es eficaz y fácil de hacer, sobre todo cuando se añade la intención de equilibrar y alinear los chakras.

⊠ *Fragmentos de sonidos de las vocales como mantras*

Como siempre, elija una nota que le resulte cómoda.

1. Para comenzar, concentre la atención en el chakra raíz y entone el sonido "uh" mientras siente cómo ese chakra se equilibra y se alinea.
2. Ahora, al respirar por segunda vez, concentre la atención en el chakra sacro y entone el sonido "uuu" con esa misma nota mientras siente cómo ese chakra se equilibra y se alinea.
3. Al respirar por tercera vez, concentre la atención en el chakra del ombligo, y con la misma nota, entone el sonido "oh".
4. Luego, concéntrese en el corazón con un "ah" (con la misma nota).
5. Después, concéntrese en el centro de la garganta con el sonido "ai". En la respiración siguiente, concéntrese en el tercer ojo con el sonido "ai".
6. Por último, concéntrese en la coronilla y emita el sonido "iii". para equilibrar y alinear este chakra con todos los demás.

Respire una vez por sonido vocálico. Tal vez le tome un minuto terminar una ronda de este ejercicio, pero ese minuto puede ser el que marque la diferencia. No le proporcionará la misma experiencia que ofrece la versión de veinte minutos. Dudamos que se vea trasladado a otra dimensión y se encuentre con seres extraordinarios, pero este ejercicio le permitirá lograr varias cosas. Le recordará (1) que usted tiene chakras, (2) el poder del sonido, (3) la capacidad de modificar y desplazar la energía mediante la voz, y (4) le ayudará a configurar una intención para el día o para un período de tiempo.

⊠ ⊠ ⊠

Uno de los aspectos maravillosos de este ejercicio es que puede hacerse en cualquier lugar y momento. Lo hacemos al menos una vez al día, en la mañana, pero también lo hacemos en otras ocasiones. A quienes tengan dificultad para dedicar siquiera media hora a emitir estos sonidos, les ofrecemos como alternativa este ejercicio de "fragmentos de sonidos".

Por cierto, el ejercicio se puede hacer varias veces, llevando la energía hacia los chakras, concentrándose en cada uno con una respiración y un sonido vocálico. Intente entonar todas las vocales de toda la secuencia con solo una o dos respiraciones. Mientras más lo practique, más le sorprenderá el poder del sonido que proyecta para hacer resonancia con sus chakras, independientemente del tiempo que dedique a producir el sonido.

Existen variaciones de los fragmentos de sonidos de las vocales como mantras, que incluyen la entonación de cada sonido vocálico con una nota diferente (una escala mayor, por ejemplo, como propusimos en capítulos anteriores). Otra alternativa es invertir el orden, comenzando con el sonido "iii" en el centro de la coronilla y siguiendo hacia abajo, hasta terminar en el chakra raíz con el sonido "uh". Esto es muy recomendable.

Sea cual sea la variación, le sugerimos hacer este ejercicio práctico todos los días. No le tomará más de un minuto. Puede estar peinándose y hacer el ejercicio sin parar de alisarse el pelo, o puede estar poniéndose los zapatos y recordar este ejercicio y emitir los sonidos correspondientes. Lo ideal sería que le dedicara un momento, en un espacio sagrado. Hay momentos en que hemos estado a punto de salir de casa y de pronto nos detenemos, respiramos hondo y hacemos resonar los chakras. Ese sencillo acto puede cambiarlo todo.

PENSAMIENTOS PARA CONCLUIR

Para poder mejorar sus relaciones o traer a su vida los cambios deseados, comience por usted mismo. Trátese con amabilidad. Acéptese y ámese tal como es en este preciso instante. Sepa que si hubiera podido hacer las cosas de otra manera en el pasado, así lo habría hecho. Cuando uno trabaja con sonidos sagrados de creación propia cada día con la intención del amor y la paz interior, comenzará a sentir cambios. Desde nuestra perspectiva, es imposible trabajar conscientemente con el sonido sin que ocurra un cambio de conciencia. Por eso, lo alentamos a explorar el mundo del sonido e incorporarlo en su vida cotidiana. Le mejorará la vida, pues evocará en usted armonía y equilibrio.

Para concluir, quisiéramos agradecerle que se nos haya sumado en esta travesía por *Las frecuencias de los chakras*. Hemos querido escribir un libro educativo y entretenido, de fácil lectura, uso y comprensión. Confiamos en haberlo logrado. Para quienes deseen explorar ese campo con mayor profundidad, hay muchos otros libros y artículos sobre temas del sonido y el tantra, por ejemplo, en Internet. Hemos incluido algunas de esas fuentes en el apéndice B.

Pero no es preciso recurrir a ellas para comenzar su exploración personal del sonido. Todo lo que necesita está aquí. Practique sus ejercicios sónicos con intención y atención plena, eso es todo. La forma en que utilice el material de este libro depende tanto de su intención como de los sonidos que emita. Le pedimos que lo haga desde el corazón y la mente. Al utilizar ambos factores, la sabiduría y la compasión se combinarán en los sonidos que vaya creando. Esperamos que siempre lo acompañe la resonancia de sonidos gozosos.

UNA ÚLTIMA NOTA

PARA NOSOTROS HA SIDO UN PLACER presentarle información sobre cómo se puede utilizar el sonido para la sanación y la transformación. A lo largo de este libro hemos tratado el tema del tantra del sonido, es decir, la interconexión que existe entre todo y con la forma en que se utiliza el sonido para entrar en resonancia y restablecer el equilibrio dentro de esa matriz.

Desde la primera edición de este libro, hemos ampliado nuestra perspectiva en relación con el uso del sonido con un fin importantísimo: la sanación del planeta. Vivimos en una época muy agitada y pocos negarían la importancia vital de que, como especie, busquemos la manera de vivir en armonía con el prójimo y con la propia Tierra. Desde nuestra perspectiva, la respuesta es muy simple: lo único que tenemos que hacer es ser amables y compasivos con los demás, mantener un espíritu de cooperación con todos los seres, cesar nuestra competencia innecesaria, y poner fin al consumismo inútil por el que nos dejamos llevar. El sonido puede ser un aliado valioso y una herramienta productiva que nos ayude en ese esfuerzo.

A lo largo de este libro, *Las frecuencias de los chakras: El tantra del sonido,* hemos presentado ejercicios y materiales relacionados con el poder que tiene el sonido para conectarnos, disolver las barreras que nos separan y manifestar la unicidad que todos compartimos. Comenzamos con la utilización del sonido para contribuir a nuestra propia armonía y equilibrio y luego indicamos distintas formas de utilizar el trabajo del sonido con otros. Después fuimos un paso más allá y utilizamos esos sonidos armonizadores para crear un campo de unicidad entre nosotros y todos los seres del planeta.

Desde la primera edición del libro, hemos sabido que debíamos crear el primer templo del mundo de sonidos sagrados interactivos en el ciberespacio. Se puede encontrar en la dirección de Internet *www. templeofsacredsound.org* un lugar donde distintas personas de todo el planeta pueden practicar juntas la entonación, con la intención de crear la armonización mundial, es decir, paz y armonía, mediante el uso de sonidos sagrados. El sitio web es en inglés y actualmente hay tres cámaras de entonación en el Templo del Sonido Sagrado (*Temple of Sacred Sound*): la cámara del "om", la del "ah" y la del "ju". Allí los internautas pueden realizar ejercicios con sonidos junto a otras personas para proyectar sonidos cargados de intención hacia la Tierra. El sitio está disponible las veinticuatro horas, los siete días de la semana y ha sido utilizado para muchas meditaciones sónicas sagradas distintas en los últimos años.

Un ejemplo de eventos de ese tipo, como se indicó anteriormente, es el "Día Mundial de la Sanación con Sonido". Cada año, el 14 de febrero, ayudamos a poner en marcha este evento. Durante el evento, personas de distintas partes del mundo entonan el sonido "ah" para enviar un saludo sónico por el Día de San Valentín a la energía de Gaia (la Madre Tierra) con fines de paz y sanación. El sonido parece amplificar el poder positivo de la oración y la meditación, y potenciar la capacidad de la conciencia de generar actividades pacíficas hacia todos los habitantes del planeta. Quizás lo más extraordinario de esto es que actualmente la ciencia está comenzando a validar el poder de la oración y la meditación, especialmente cuando se combinan con el sonido.

El Proyecto de la Conciencia Global, fundado en la Universidad de Princeton, hace el seguimiento de eventos mundiales mediante el uso de generadores numéricos aleatorios situados en distintos lugares del mundo. Estos aparatos computarizados generan números al azar hasta que tienen lugar en el planeta determinados sucesos caracterizados por su alto nivel de compasión. Cuando se da ese tipo de suceso, los números se vuelven menos aleatorios y es posible

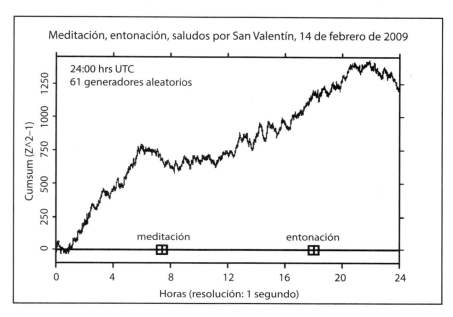

Día Mundial de la Sanación con Sonido, 2009

reflejarlos en un gráfico. El resultado normal sería una línea bastante recta definida por los números aleatorios, pero se convierte en una cresta pronunciada en esas ocasiones especiales, lo que indica que hay algún tipo de relación entre nuestra conciencia y la de la Tierra. Se han creado gráficos que muestran esa relación con los datos del Día Mundial de la Sanación con Sonido. (Véase el gráfico anterior).

Como se indicó anteriormente, el cerebro genera impulsos eléctricos y el corazón genera un campo electromagnético. Cuando el cerebro y el corazón se condicionan mutuamente a través de la inducción y alcanzan un estado de coherencia, se ha determinado que el campo electromagnético del corazón puede llegar a ser hasta 5.000 veces más intenso que el del cerebro. Ese estado de coherencia centrado en el corazón se da cuando sentimos aprecio y compasión. Además, la labor del Instituto HeartMath ha dado a entender que existe una relación entre nuestro propio campo electromagnético y el de la Tierra y que hay una interfaz activa entre ambos. Los datos del Instituto HeartMath sobre el Día Mundial de la Sanación con Sonido en 2009 parecen demostrar la eficacia de ese evento mundial como una fuerza que puede afectar los campos personal y planetario. Esos datos revelan el poder del sonido cargado de intención.

Ahora el Instituto HeartMath y el Proyecto de la Conciencia Global se han puesto de acuerdo para trabajar de conjunto. Hay indicios de que su trabajo validará desde el punto de vista científico lo que hemos dicho en este libro: que todos estamos interrelacionados indisolublemente. Nuestros corazones nos dicen que el material presentado en este libro (los sonidos sagrados, la información acerca de la intención, y tanto más) demostrará ser de gran valor para aumentar la capacidad de sanarnos y de sanar a todo el planeta.

Las pruebas científicas siguen demostrando cada vez más el poder sanador del sonido a nivel individual. Entre las evidencias medibles figuran los efectos fisiológicos que se derivan de los sonidos de creación propia: la liberación de melatonina, el aumento de óxido nítrico (una molécula vinculada con la promoción de la sanación y la expansión de los vasos sanguíneos), el aumento del nivel de oxígeno en las células, la disminución de la presión sanguínea y el ritmo cardíaco, el aumento de la circulación linfática, la reducción de los niveles de hormonas relacionadas con el estrés y la liberación de endorfinas (opiáceos creados por el propio organismo que funcionan como analgésicos naturales).

En lo referente al tema de cómo podemos manifestar la paz y la armonía, no solo a nivel individual, sino planetario, quizás uno de los descubrimientos más importantes es que todos los miembros del grupo que realiza los ejercicios con sonidos producen a nivel cerebral el neurotransmisor conocido como oxitocina, "la sustancia química de la confianza". ¡Eso sí es un ejemplo de cómo el sonido puede romper las barreras entre distintas personas! Hay razones espirituales para ello. También hay razones electromagnéticas. Y ahora hay razones físicas.

Sea como sea, lo más importante es que esta experiencia con el sonido es real. Nos puede sanar y devolvernos la integridad. Puede acercarnos y llevarnos a una actitud de cooperación y compasión. Y puede unirnos como especie en este planeta. Mediante la utilización del sonido cargado de intención, podemos cambiar el propio nivel vibratorio del planeta, lo que nos permitirá alcanzar un estado de salud y armonía, a nivel individual y colectivo.

¡Con amor, luz y sonido, podemos marcar la diferencia!

HERRAMIENTAS
DEL OFICIO

ESTE LIBRO SE HA CONCENTRADO principalmente en el uso de la voz como instrumento de autotransformación y sanación. La voz es el vehículo más poderoso para proyectar las energías de la compasión y el amor. Pero también hay algunos instrumentos sencillos (que llamamos "herramientas del oficio") que pueden dar un decisivo impulso sónico a los exploradores, sanadores y practicantes de terapia sónica. Entre esos instrumentos figuran los diapasones, los cuencos de cristal de cuarzo, los cuencos tibetanos y los *tingsha* (campanillas tibetanas). También hay muchos otros instrumentos disponibles. Nos hemos concentrado en estos cuatro debido a su popularidad, poder y bajo costo.

LOS DIAPASONES

De todas las herramientas de que disponemos actualmente, quizás los diapasones sean la más popular. Hay muchos sitios web dedicados a los distintos tipos de diapasones y las múltiples maneras de utilizarlos. Algunos han sido creados específicamente para el trabajo corporal. También los hay con distintas frecuencias, modalidades y escalas. Nos concentramos en dos de ellos: (1) los diapasones pitagóricos, con la proporción de 2:3 (la relación entre las dos frecuencias de los diapasones), creados por John Beaulieu, y (2) los diapasones DnA#, con la proporción de 8:13, creados por Jonathan Goldman.

Los diapasones pitagóricos

Los diapasones pitagóricos son una nueva forma de utilizar el sonido para hacer que los campos corporal, cerebral y etérico entren en resonancia. Fueron creados por el Dr. en Naturopatía John Beaulieu, autor de *Música, sonido y curación*.

Esos diapasones se utilizan en pares porque es posible crear entre ambos una proporción y un intervalo exactos que producen efectos específicos en el organismo y, sobre todo, en el sistema nervioso. Con los diapasones sencillos se puede crear una sola nota. Cuando se usan conjuntamente dos diapasones de distintas frecuencias se pueden obtener muchas proporciones distintas. Cada una de esas proporciones puede tener en nosotros efectos muy específicos.

Los diapasones pitagóricos tienen las frecuencias de 256 Hz (ciclos por segundo, que corresponde a la nota *do,* o C, en notación inglesa) y 384 Hz (la nota *sol* (B)). La proporción que crean estas dos frecuencias armónicamente relacionadas de 256 Hz y 384 Hz es de 2:3. El intervalo musical que corresponde a la proporción de 2:3 se denomina quinto perfecto. (Un intervalo es la distancia entre dos frecuencias). Escuchar ese intervalo tiene un efecto relajador y restablecedor del equilibrio y se considera que es la relación musical más armoniosa que existe. Esa proporción de 2:3 es sagrada en muchas tradiciones y se basa en la comprensión de la relación existente entre las matemáticas, la música

Fig. A1. Juego de diapasones

y el cosmos. Según la leyenda, Pitágoras creía que la proporción de 2:3 tenía un efecto terapéutico y transformativo.

Estos diapasones crean calma y tranquilidad y equilibran los hemisferios cerebrales, con lo que se reduce la actividad de ondas cerebrales y se induce la relajación. Según muchos usuarios, equilibran el aura y liberan la energía bloqueada. También es frecuente que las personas experimenten muchos otros efectos positivos al utilizar los diapasones.

El Dr. Beaulieu, uno de los grandes pioneros en ese campo, en su libro *Música, sonido y curación* (Ediciones Índigo, 1994), afirma lo siguiente: "Cuando escuchamos los diapasones, nuestro sistema vestibular a través de los canales semicirculares [de los oídos] redistribuye las proporciones del organismo sobre la base de las proporciones naturales de los diapasones. Durante el proceso de escucha, nuestro cuerpo físico se reposiciona y se alinea con el intervalo creado por los diapasones. Entonces el sistema nervioso se equilibra a través de los hemisferios derecho e izquierdo".

El Dr. Beaulieu añade: "Ese intervalo especial se conoce en música como el quinto perfecto. Lao Tzu se refería a ese intervalo como el sonido de la armonía universal entre las fuerzas del yin y el yang. En la India, se cree que el quinto es capaz de crear un sonido mediante el cual Shiva invita a Shakti a la danza de la vida. Apolo, el dios griego del sol, la música y la curación, rasgaba su lira sagrada produciendo el quinto perfecto para llamar a los delfines mensajeros a Delfos".

Para utilizar los diapasones, tómelos por el tallo y golpéelos suavemente, luego acerque uno a varios centímetros de cada oído. Los diapasones se pueden golpear sobre las rodillas o uno contra otro (manteniéndolos al menos a treinta centímetros del oído). Cada método produce un sonido levemente distinto, aunque se mantiene la proporción inherente de 2:3. Los tonos de los diapasones varían entre sí, pero duran aproximadamente medio minuto.

Experimente. También puede utilizar los diapasones con amigos y clientes. Son capaces de producir experiencias extraordinarias. Los psicoterapeutas suelen utilizarlos para calmar y equilibrar a los clientes antes o después de las sesiones. Cuando el sistema nervioso se alinea, suelen hacerlo también los campos corporal y energético, que se reestructuran con la proporción sagrada de los diapasones.

Puede utilizar esos diapasones consigo mismo. Es maravilloso tener a alguien que lo ayude a usarlos para poder darse el lujo de armonizarse y turnarse para hacerlo. Ambos se beneficiarán con esa experiencia placentera y sanadora. Pruebe a tararear o entonar sonidos con los diapasones. Disfrútelos y recuerde que son herramientas de autosanación y transformación.

Esos diapasones son acompañamientos maravillosos que puede utilizar antes, durante y después de entonar los sonidos con su voz para equilibrar los chakras. También son instrumentos excelentes si se siente fuera de armonía. Se sorprendería al ver lo rápido que se pueden disipar las energías desarmónicas con los diapasones.

Los diapasones que más nos gustan son los de aluminio, no solo porque sean herramientas sónicas poderosas y eficaces, sino porque son ligeros y fáciles de llevar.

Los diapasones DnA#

Los diapasones DnA# representan una nueva proporción musical creada por Jonathan Goldman. Reciben ese nombre porque este conjunto de diapasones utiliza frecuencias que se encuentran entre las notas musicales *re* y *la#* (D y A#, en notación inglesa). Se ha dicho que esa proporción específica tiene la capacidad de armonizar el ADN, por lo que decidimos que estos diapasones se llamaran "DnA#", por su coincidencia con la forma de referirse en inglés a las notas mencionadas y al ADN (DNA). Estos dos diapasones manifiestan la proporción de 8:13 (la relación entre las dos frecuencias de los diapasones). El intervalo de esa proporción recibe el nombre genérico del sexto menor, pero no se encuentra en la música contemporánea.

Los diapasones DnA# pueden utilizarse de la misma forma que los diapasones de 2:3. Tienen la capacidad de restablecer el equilibrio y relajar, y parecen enriquecer la iniciación y activación espiritual. Cuando se golpean uno contra otro producen un sonido que muchos han llamado "angelical".

Al escuchar esta proporción, muchas personas aseguran que se

Fig. A2. Uso de los diapasones con un compañero

sienten como si estuvieran "en casa". Otros han notado que el sonido de estos diapasones crea un efecto energético en espiral. Esto no es de sorprender porque la proporción 8:13 de esos diapasones representa una espiral externa de la sucesión de Fibonacci, una importante secuencia matemática descubierta en el siglo XIII por un matemático italiano. Esta secuencia matemática se caracteriza por el hecho de que cada número subsiguiente se crea mediante la adición de los dos números anteriores. Así: 1, 1, 2, 3, 5, **8, 13,** 21, 34, 55, 89, 144, 233, 377, 610, 987, hasta el infinito. Las proporciones creadas por esos números se conocen como "Proporción Divina" y se manifiestan en todos los aspectos de la naturaleza, y en los patrones de crecimiento de las plantas, los animales y los seres humanos. Casi cualquier espiral que se encuentre en la naturaleza, como la forma de un nautilo o la cóclea del oído, es un ejemplo de esa proporción. Por eso los efectos en espiral que algunas personas nos han descrito tienen sentido porque probablemente lo que han escuchado es la Proporción Divina manifestada en forma de sonido. Muchos consideran que los diapasones de 8:13 activan nuevos niveles de conciencia y son particularmente útiles para el tantra del sonido. A quienes deseen saber más sobre la sucesión de Fibonacci, les recomendamos leer *La proporción áurea,* por Mario Livio (Ariel, 2007).

LOS CUENCOS DE CRISTAL DE CUARZO

Entre las herramientas sónicas más populares se encuentran los cuencos de cristal de cuarzo hechos de cuarzo triturado con un 99,992 por ciento de pureza. Los cuencos son transparentes o esmerilados y sus diámetros pueden ser de quince a sesenta centímetros. Emiten un tono puro cuando se activan con un mazo o vara. Los más grandes son los que más tiempo vibran; el tono dura más debido al tamaño y el volumen de cuarzo. Los cuencos transparentes, que cuestan un poco más, son más fáciles de conseguir en tamaños más pequeños. En años recientes, han surgido nuevas variedades, formas y estilos de cuencos de cristal.

Cuando esos cuencos hicieron su primera aparición en el campo de la sanación con el sonido, pocos sabían que eran los restos que quedaban de cristales de cuarzo cultivados en laboratorios científicos para utilizarlos en computadoras. Alguien descubrió que producían un tono vigoroso cuando se les golpeaba o se les frotaba por el borde con un mazo de caucho, y se empezaron a vender comercialmente en los años ochenta.

Los sonidos son extraordinarios. No importa si fueron un resultado imprevisto del cultivo de cristales de cuarzo en laboratorios científicos o si realmente representan el redescubrimiento de un antiguo artefacto atlante. Lo que importa es que son maravillosas herramientas sónicas para la sanación.

Han aparecido cada vez más practicantes que utilizan cuencos de cristal. Incluso hay médicos que han reconocido su valor terapéutico. Se pueden conseguir cuencos de distintos tamaños, formas y colores, en las notas *do* (C), *re* (D), *mi* (E), *fa* (F), *sol* (G), *la* (A); *si* (B), que muchos creen que se corresponden con las frecuencias de los chakras.

Los cuencos de cristal de cuarzo parecen funcionar como amplificadores de la intención mediante el sonido. Son maravillosos implementos de sanación que se pueden utilizar en ceremonias para definir una intención. Generalmente usamos los cuencos de cristal para hacer ejercicios de entonación y meditación conjunta y/o con una intención específica. También pueden despejar un área de energía negativa.

El sonido se puede crear al frotar mazos de caucho o varas forradas en gamuza alrededor de los bordes de los cuencos. El sonido de cada cuenco es distinto, y su preferencia determinará su elección. Cuando se le golpea con un mazo de caucho, el cuenco de cristal puede producir un tono que dura uno o dos minutos. Cuando el mazo de caucho se frota alrededor del borde del cuenco, el tono puede durar indefinidamente. El sonido es similar a la armonía del vidrio, o sea, el sonido que se siente al pasar la punta del dedo por el borde de una copa de cristal fino y hacerla entrar en resonancia con un tono puro y cristalino. Cada practicante tiene un estilo particular de hacer sonar los cuencos; algunos mueven la vara o el mazo en sentido horario con intenciones específicas, mientras que otros prefieren hacerlo en sentido contrario a las manecillas del reloj, o combinar ambos movimientos.

Según nuestra experiencia, la pureza y el poder de los cuencos de cristal son impresionantes. Generan un sonido excelente y son maravillosos para amplificar la intención que proyectamos sobre el sonido. El tono de un solo cuenco puede equilibrar y alinear cualquier chakra específico o todos los chakras, y esto es particularmente válido en el caso de las personas que hacen el ejercicio de entonación con intención clara.

Muchos practicantes poseen diversos cuencos de cristal que utilizan específicamente para determinados chakras y propósitos. Actualmente estamos experimentando con el uso de dos cuencos de cristal con proporciones musicales muy exactas, como 2:3 o 8:13. Hemos descubierto que, si bien es maravilloso tener varios cuencos destinados a fines específicos, un solo cuenco puede ser suficiente para casi cualquier tipo de labor vibratoria. De todas formas, después de haber establecido su resonancia con un solo cuenco de cristal, puede adquirir todos los que desee.

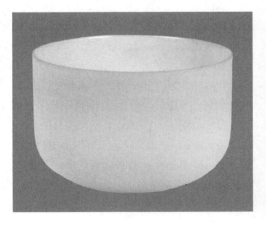

Fig. A3. Cuenco de cristal de cuarzo

El costo de los cuencos de cristal varía en función del tamaño y de la sustancia utilizada. Gracias a los avances tecnológicos más recientes, ahora los hay de cuarzo rosado o moldavita. Algunos tienen tallos, para que su manipulación sea más fácil.

Nos encantan los cuencos de cristal; son una de las herramientas sónicas más poderosas del planeta. No obstante, debemos advertir que esos cuencos son tan frágiles como una copa de vidrio y son difíciles de transportar, a menos que se lleven en una caja o maleta especial.

LOS CUENCOS TIBETANOS

Estos cuencos exquisitos provienen del Tíbet, Nepal y Bután. Los más antiguos se hacían con siete metales (oro, plata, mercurio, cobre, hierro, estaño y plomo) que se derretían y se mezclaban para después verterlos y enfriarlos en forma de placas, a partir de las cuales se creaban cuencos con cientos de golpes de martillo. El origen de los cuencos está envuelto en el misterio, pero se cree que provienen de las tradiciones del budismo tibetano y que eran producidos a mano por monjes que entonaban mantras mientras moldeaban los metales. Esos cuencos tibetanos producen hermosos tonos que son excelentes para despejar la energía y crear un espacio sagrado. Los cuencos tienen aplicaciones de sanación porque los tonos que producen ayudan a eliminar la desarmonía de los cuerpos sutiles, los chakras y el cuerpo físico.

La mayoría de los cuencos tibetanos tienen aproximadamente de diez

Fig. A4. Cuenco tibetano

a quince centímetros de diámetro y se hacen sonar golpeando o frotando su borde con una vara de madera para hacerlos "cantar", de modo que producen un hermoso tono. Por supuesto, hay cuencos tibetanos más grandes (algunos tienen un diámetro de más de treinta centímetros). En su mayor parte, los más grandes son antiguos, pesados y de alto costo. Al percutirlo con una vara de madera, el cuenco tibetano produce un tono que dura un minuto (aunque hemos escuchado grabaciones de cuencos antiguos más grandes cuyos tonos, con un solo golpe, duran varios minutos).

Cuando se frota todo el borde con la vara de madera, los tonos, por supuesto, duran tanto tiempo como dure dicha acción. Los cuencos producen varios tonos al mismo tiempo y, cuando varios de ellos se tocan al unísono, se genera una interacción y una sinergia entre los tonos.

En una ocasión, Jonathan trabajó con un quiropráctico en el uso de la kinesiología para determinar los posibles efectos benéficos de los cuencos tibetanos y los diapasones. Descubrieron que, al utilizar distintos diapasones, las frecuencias específicas más idóneas parecían variar de una persona a otra. Sin embargo, todos los cuencos tibetanos probados resultaron beneficiosos para todos los participantes en las pruebas.

De modo similar a los cuencos de cristal, los cuencos tibetanos pueden golpearse y hacerse sonar para luego acercarlos a la persona que necesite la sanación. O el cuenco se puede colocar directamente sobre la parte del cuerpo afectada y luego golpearlo para producir el sonido. De esta forma, las vibraciones penetrarán directamente en el organismo de la persona afectada. (Por lo general este método no funciona bien con los cuencos de cristal, sobre todo si son grandes, pues resultan muy pesados para colocarlos sobre el cuerpo).

En las sesiones de sanación se suelen utilizar muchos cuencos tibetanos distintos y se asigna uno en particular a un chakra en particular. En nuestra opinión, un solo cuenco tibetano puede ser suficiente en manos de un practicante consciente. Es muy recomendable utilizar un cuenco tibetano para crear sonidos sagrados antes, durante o después de una sesión de entonación de los chakras.

Nos gusta llevar por lo menos uno de estos cuencos cuando viajamos.

Son fáciles de transportar si se protegen bien entre la ropa que llevamos en la maleta.

LAS TINGSHA

Aunque las campanillas tibetanas, o *tingsha*, se han utilizado durante siglos en las prácticas de meditación budista, es probable que sean las menos conocidas de las herramientas aquí mencionadas. Las *tingsha* se golpean una contra otra para crear sonidos que calman la mente e inducen a la relajación. Las dos campanillas en forma de disco, cuando se hacen sonar al mismo tiempo, producen tonos levemente desafinados entre sí. Los diferentes tonos creados por ambas generan una frecuencia muy baja que puede condicionar al cerebro a una forma de onda alfa o zeta. Por ejemplo, si una campanilla creara una frecuencia de 300 Hz (ciclos por segundo) y la otra campanilla creara una frecuencia de 305 Hz, se generaría una tercera frecuencia de 5 Hz (la diferencia entre las dos frecuencias). Estos 5 Hz corresponden a la amplitud de banda de la actividad zeta de ondas cerebrales. La ciencia de la psicoacústica ha demostrado que las frecuencias sónicas bajas, como las mencionadas en este ejemplo, pueden hacer que nuestras ondas cerebrales se sincronicen con esas frecuencias. Hemos visto que la mayoría de las *tingsha* crean una diferencia de tono de entre 4 y 8 Hz. Esto se corresponde exactamente con el rango de actividad de ondas cerebrales creadas durante la meditación. No es de sorprender que esté aumentando la popularidad de las campanillas tibetanas como herramientas para una mayor relajación y reducción del estrés.

Fig. A5. Juego de tingsha, o campanillas tibetanas

En el budismo tibetano, las *tingsha* se utilizan en rituales. Hemos descubierto que el simple hecho de hacerlas chocar una con otra induce a la relajación. Esto puede deberse a las profundas ondas alfa y zeta que producen y a la claridad y belleza de sus sonidos. Al parecer, el hecho de hacerlas sonar juntas sirve para anunciarle a nuestra psiquis que vamos a entrar en un tiempo y espacios sagrados.

Inicialmente, el tono de las *tingsha* es potente, casi penetrante. Luego disminuye y se difumina, aunque el sonido en general dure un minuto. Debido a la pureza de su sonido, las *tingsha* pueden utilizarse para despejar las energías desequilibradas en el campo áurico, o incluso en el cuerpo físico. Además, son excelentes para convocar a las personas o llamar la atención del público en una reunión. Son ligeras y fáciles de transportar.

APÉNDICE B

RECOMENDACIONES

HAY MUCHOS LIBROS Y GRABACIONES que guardan relación con el campo del sonido y el tantra. A continuación enumeramos algunas de nuestras selecciones favoritas (originales en inglés).

LIBROS

Libros de Jonathan Goldman sobre el sonido y la música

Los siete secretos de los sonidos sanadores (Gaia Ediciones, 2010). Ofrece una comprensión básica y práctica de los principios de la utilización del sonido como modalidad de sanación y para restablecer el equilibrio del cuerpo, la mente y el espíritu. Mediante información y ejercicios útiles, los lectores comprenderán el poder del sonido como terapia personal vibratoria. Se incluye un CD de música.

Sonidos sanadores (Gaia Ediciones, 2011). Este libro, que se considera un clásico de primera línea en el campo de la sanación mediante el sonido, contiene abundante información sobre los aspectos espirituales y científicos de la sanación con el sonido. Se concentra en los armónicos (el fenómeno que crea el "color del sonido"). En particular, se concentra en el uso de la voz como instrumento de sanación.

The Divine Name [El nombre divino] (Hay House, 2010). Descubra el sonido universal que puede crear armonía y sanación a nivel individual y planetario. El nombre divino, que está codificado en nuestro ADN, es el nombre personal de Dios, que se ha perdido y olvidado desde hace casi 2.500 años. Este libro guía al lector paso

187

por paso en un proceso de activación vibratoria. Se incluye un CD con instrucciones para ayudar al lector a aprender a entonar este sonido extraordinario.

Shifting Frequencies [Frecuencias cambiantes] (Light Technology, 1998). Este libro se concentra en la forma en que el sonido y otras modalidades vibratorias, con inclusión de la luz, la geometría sagrada y los cristales, se pueden utilizar con fines de sanación y autotransformación. Ofrece información de primera línea que sirve como puerta de acceso para explorar cómo utilizar conscientemente sus propios sonidos y otras energías a fin de contribuir a los cambios personales y planetarios.

Libros de otros autores sobre el sonido y la música

Cymatics: A Study of Wave Phenomena and Vibrations [La cimática: Estudio de los fenómenos ondulatorios y la vibración] (volúmenes combinados I y II), por el Dr. Hans Jenny (MACROMEDIA, 2001). Un libro extraordinario con impresionantes fotografías tomadas por el médico suizo Hans Jenny que demuestran la capacidad del sonido de crear formas. Es una demostración del poder del sonido para influir en la materia física.

El campo, por Lynne McTaggart (Sirio, 2006). En este libro, acompañado con el subtítulo *En busca de la fuerza secreta que mueve el Universo,* se investiga el campo de energía que interconecta al Universo. Lynne nos ofrece descripciones claras, coherentes y reveladoras de experimentos científicos que demuestran muchos aspectos distintos de las nuevas formas de pensar.

The Healing Forces of Music [Las fuerzas sanadoras de la música], por Randall McClellan, Ph.D. (iUniverse, 2000). Este libro se publicó hace algunos años, pero la información que ofrece sigue siendo válida y pertinente. El libro contiene una gran cantidad de material valioso e importante sobre la historia, la teoría y la práctica de distintos sistemas que utilizan el sonido y la música con fines de sanación y transformación.

The Healing Power of the Human Voice [El poder sanador de la voz humana], por James D'Angelo (Healing Arts Press, 2005). James examina los atributos curativos de todo el espectro de la expresión sonora humana, desde las vocales y consonantes hasta los sonidos naturales de la risa o los suspiros y el poder del canto, además de auténticos cantos y mantras clásicos, de distintas culturas del mundo. El autor demuestra cómo crear diversas formas vocales que pueden mejorar la salud física y mental.

Music and Sound in the Healing Arts [Música y sonido en las artes de sanación], por John Beaulieu (Station Hill, 1987). Este libro, conciso y sumamente ameno, contiene una gran cantidad de información valiosa sobre los usos terapéuticos y transformativos del sonido y la música. Incluye mantras, diapasones, ejercicios con la energía de la voz y mucho más. John es un gran maestro y pionero en el campo de la sanación mediante el sonido. Recomendamos encarecidamente este libro.

Music: Physician for Times to Come [La música: El médico del futuro], editado por Don Campbell (Quest Books, 2000). Una antología importante de numerosos músicos, científicos y maestros espirituales que se han concentrado en el uso del sonido y la música con fines de sanación. Los diversos enfoques sobre el tema hacen que sea una lectura fascinante.

The Power of Sound [El poder del sonido], por Joshua Leeds (Inner Traditions, 2ª edición revisada y actualizada, 2010). El libro se concentra más bien en la importancia del buen funcionamiento auditivo, el proceso de escuchar y cómo los sonidos pueden ayudar en el aprendizaje, la comunicación y las interacciones sociales. En particular, se analiza con profundidad el tema de la psicoacústica (cómo el sonido afecta al sistema nervioso).

Toning: the Creative Power of the Voice [La entonación: El poder creativo de la voz], por Laurel Elizabeth Keyes y Don Campbell (DeVorss, edición revisada, 2008). Para muchos, esta es la primera obra que mostró el extraordinario camino del uso de los sonidos de creación propia para la sanación y la transformación. Esta nueva edición de lo que se considera un clásico en el campo del sonido, al estar acompañada de comentarios de Don Campbell, da un valor aun mayor al material presentado.

Energía corporal, misterios espirituales y tantra

El libro de los secretos, por Deepak Chopra (Punto de Lectura, 2009). Un libro extraordinario en que se revelan quince secretos espirituales que conducen a la iluminación. El Dr. Chopra pone de relieve la existencia de una inteligencia universal que opera por debajo de la superficie visible de la vida. Descubrirá perspectivas y ejercicios capaces de transformar la conciencia y llevarnos al éxtasis de la iluminación.

La matriz divina, por Gregg Braden (Hay House, 2009). Gregg es un gran escritor, investigador y transmisor de la sabiduría antigua. En este libro se concentra en el campo universal de la conciencia que nos conecta a todos. Une el misticismo y la ciencia para crear una nueva e importante forma de comprender el mundo cuántico.

Hands of Light [Manos de luz], por Barbara Ann Brennan (Bantam, 1988). Una mirada al campo de la sanación bioenergética, con técnicas específicas para la sanación, la observación del aura, la comprensión de la psicodinámica, el campo energético humano y la sanación espiritual. Contiene un estudio detallado sobre los chakras y el cuerpo sutil y sobre su vínculo con la salud y el bienestar de cada uno.

Kundalini: Yoga for the West [Kundalini: Yoga para los occidentales], por Swami Sivananda Radha (Shambhala, 1978). Este libro se centra en los chakras de la tradición hindú clásica. Lo recomendamos encarecidamente a quienes deseen enriquecer su conocimiento sobre estos centros de energía, los mantras de las *bijas* y la manera de utilizarlos como fuerza que contribuya a la evolución.

Tantra in Tibet [El tantra en el Tíbet], por Su Santidad el Dalai Lama, Tsong-ka-pa y Jeffrey Hopkins (Snow Lion, 1987). Con escritos importantes sobre la perspectiva tibetana del tantra, este libro contiene material original de algunos de los escritores más importantes sobre el tema del tantra.

Vibrational Medicine [Medicina vibracional], por el Dr. Richard Gerber (Bear & Company, 3ª edición revisada, 2001). El Dr. Gerber explora los beneficios de muchas terapias distintas que utilizan diferentes medicinas vibratorias, como la homeopatía, la acupuntura, la sanación con colores y luz y la sanación magnética, entre otras. Es una de las obras que sirven como fuente original en relación con la medicina energética y se ha actualizado recientemente para incluir materiales relacionados con el sonido.

Libros sobre relaciones

Conseguir el amor de su vida, por Harville Hendrix (Obelisco, 1997). Hendrix ha sido un innovador y líder en el campo del asesoramiento de parejas y fue el creador de la terapia Imago para las relaciones, en la que se combinan muchas disciplinas distintas, como las ciencias del comportamiento, la psicología profunda, la terapia cognitiva y la terapia Gestalt. La combinación de información y ejercicios ofrece al lector una valiosa herramienta para sanar las relaciones.

Conscious Loving [Amor consciente], por Gay y Kathlyn Hendricks (Bantam, 1992). En este libro, escrito por un matrimonio de psicólogos que viven de la misma forma que enseñan, el lector encontrará técnicas eficaces para transformar las relaciones. Han desarrollado estrategias con el fin de ayudar a crear una relación de pareja y aumentar la energía, la creatividad y la felicidad de cada individuo. Entre otras obras de Gay Hendricks, también se recomienda *La respiración consciente.*

The Dance of Intimacy [La danza de la intimidad], por Harriet Lerner (Perennial, 1990). Este sensato libro de autoayuda se basa en la terapia de sistemas familiares y recomienda un método de "autoconcentración" consciente para las personas atrapadas en relaciones difíciles con parejas o familiares. Lerner insiste en que "en toda relación verdaderamente íntima, cada uno puede ser quien realmente es, lo que significa ser abiertos sobre nosotros mismos".

Healing the Child Within [Sanar al niño interior], por Charles Whitfield (HCI, 1987). Este libro bien fundamentado ofrece la información más avanzada sobre el concepto del "niño interior" herido. El "niño interior" se refiere a la parte de cada ser humano que siempre está viva, llena de energía, creativa y realizada. Es, en fin, nuestro verdadero yo. Esta obra excepcional es fácil de entender y procesar.

Homecoming: Reclaiming and Championing Your Inner Child [Regreso a casa: Recuperar y defender a su niño interior], por John Bradshaw (Bantam, 1992). En esta guía para comprender y sobreponerse a los daños sufridos por el niño interior, John Bradshaw revela importantes detalles que lo inspirarán y le ofrecerán una nueva perspectiva que puede conducirlo por un camino de autoaceptación y amor propio mediante la sanación de las heridas que los adultos llevamos por dentro desde la niñez.

Unconditional Love [Amor incondicional], por Ed y Deb Shapiro (Time Warner, 2003). Los Shapiro son maestros sagaces que predican con el ejemplo en lo que respecta a las relaciones, la espiritualidad y la vida. Este libro contiene una inspiradora y práctica combinación de la sabiduría y la compasión de tradiciones del Oriente y utiliza los senderos del budismo y el yoga como formas accesibles de meditación. Es maravilloso para comenzar a abrir el corazón.

MÚSICA

Música por Jonathan Goldman

The Angel and The Goddess. Contiene dos composiciones sónicas muy diferentes que invocan y honran a Shamael y a Saraswati: *"Angel of Sound"* y *"Song of Saraswati"*, presentadas juntas por primera vez. Estas dos grabaciones, poderosas y trascendentes, son invocaciones divinas a seres celestiales de sonido y se han concebido para incorporar en su vida la energía de la sanación musical.

Celestial Reiki, por Jonathan y Laraaji. Con su cítara celestial, Laraaji es uno de los pioneros de la música ambiental. Junto a Jonathan, crea una música de trance hipnótica y poderosa que mejora todas las formas de actividad tántrica. Esta grabación, de cítara, sintetizador, guitarra y campanillas, es magnífica para crear una relajación profunda y reducir el estrés.

Celestial Reiki 2, por Jonathan, Laraaji y Sarah Benson. En la segunda parte de la exitosa obra *Celestial Reiki,* Jonathan Goldman y Laraaji se unen nuevamente para crear una música extraordinariamente hipnótica que ayuda a manifestar la energía del Reiki con fines de sanación y transformación. Los acompaña en la flauta la pionera de la sanación con el sonido y maestra musical Sarah Benson. La instrumentación incluye sintetizador, flauta, guitarra, campanillas y cítara. Esta música ambiental y fluida es magnífica para la relajación y la meditación.

Celestial Yoga. Incluye más de una hora de música trascendental con tres piezas instrumentales creadas con el fin de ayudar en la práctica del yoga para mejorar cualquier forma de trabajo corporal o de sanación, por ejemplo, el Reiki, o como música de fondo para aliviar el estrés. Es magnífica para los momentos tántricos en que la pareja desee experimentar unidad. Con sintetizadores, guitarras, voces corales, campanillas y cítara.

The Chakra/Brainwave Harmonizer, por Jonathan y Andi Goldman. Esta revolucionaria grabación representa un nuevo avance en materia musical: un sonido que equilibra simultáneamente los chakras y las ondas cerebrales. Ofrece una experiencia increíblemente armoniosa, tanto si se escucha por altavoces como con audífonos. Incluye tonos para los chakras, sonidos vocálicos sagrados, mantras de las *bijas,* diapasones pitagóricos, frecuencias de inducción sónica y mucho más.

Chakra Chants. Combina las vocales sagradas con mantras de las *bijas,* diapasones pitagóricos, sonidos elementales y del Shabda Yoga, voces corales masculinas y femeninas y mucho más. Una extraordinaria experiencia sonora sagrada de una hora de duración que lleva muchos años cosechando premios y éxitos de venta. Concebida para la meditación y la sanación profunda con el sonido, permite alcanzar un nuevo nivel terapéutico. Esta grabación obtuvo premios *Visionary Awards* en 1999 en dos categorías: mejor álbum de sanación en meditación y álbum del año. Representa una nueva referencia para las grabaciones de resonancia de los chakras y se ha mantenido entre los diez álbumes de música de sanación más vendidos.

Chakra Chants 2. En esta grabación extraordinaria, la esperada continuación de *Chakra Chants,* Jonathan Goldman incluye sus cánticos para los chakras y aporta su experiencia en la sanación con el sonido junto con la entonación vocal y la música de flauta interpretada espléndidamente por Sarah "Saruah" Benson, la

Madre Divina del Sonido. Su propósito es similar al de la primera versión de *Chakra Chants*. Las dotes musicales transcendentales de Sarah Benson realmente enriquecen estos sonidos sanadores, pues restablecen el equilibrio entre los chakras y nos abren a nuevos niveles de conciencia.

ChakraDance. Combina los reconocidos tonos y cánticos de Jonathan Goldman para los chakras con ritmos de baile electrónicos y *tecno*. Esta fusión de antiguos sonidos, mantras y cánticos sagrados con la psicoacústica y los ritmos modernos lo hará mover los pies y contribuirá a que sus chakras entren en resonancia. Muchos nos han relatado que es perfecta para los rituales tántricos. Fue creada para personas jóvenes en cuerpo, mente o espíritu.

Crystal Bowls Chakra Chants, por Jonathan y Crystal Tones. Esta bella grabación crea un entorno sónico propicio a la relajación profunda y la sanación de los chakras. Incluye los extraordinarios cánticos de Jonathan Goldman para activar los chakras, combinados con maravillosos tonos generados por más de veinte cuencos de cristal de cuarzo, sintonizados con distintas armonías, tocados por Crystal Tones. Los cánticos y los tonos de los cuencos tienen el efecto de calmar y relajar, de modo que ponen al oyente en armonía con las potentes energías de la transformación. Es un CD excelente para la sanación, la meditación y el trabajo con las energías.

De-Stress, por Jonathan y Laraaji, Sarah Benson y Andi Goldman. Esta grabación contiene tres maravillosas selecciones musicales instrumentales con los músicos invitados Laraaji, Sarah Benson y Andi Goldman. Es un CD perfecto para crear tranquilidad y armonía en su hogar o lugar de trabajo, y una magnífica herramienta para deshacerse del estrés. Con música de teclados, cítara, guitarra y flauta, acompañada por voces corales y cuencos tibetanos, utiliza la más reciente tecnología del sonido basada en principios científicos, combinada con una apacible y placentera música ambiental.

The Divine Name. En combinación con el científico espiritual Gregg Braden, Jonathan Goldman puso a la venta este extraordinario CD, ganador de un premio *Visionary Award* en 2005, que permite al oyente experimentar el poder sagrado del nombre personal de Dios. El Nombre Divino fue descubierto por Jonathan y está codificado en el ADN de todos los seres vivos. Es un sonido que se puede reproducir con la voz humana y tiene la capacidad de sanar y transformar. La posibilidad de escuchar el Nombre Divino constituye una experiencia extraordinaria, sagrada y transformadora.

Dolphin Dreams. Esta singular experiencia con sonidos del mar, latidos de corazón, voces corales y delfines ha llegado a ser un clásico. Es un sorprendente entorno sónico propicio para la experiencia del nacimiento, la meditación y la relajación profunda. Es utilizada en el mundo entero por personas dedicadas a la meditación y profesionales de la salud para mejorar el bienestar.

Frequencies: Sounds of Healing. Esta colección de fragmentos de grabaciones galardonadas y de gran éxito de venta incluye selecciones de *Chakra Chants, The Lost Chord, Medicine Buddha, Celestial Reiki, Holy Harmony* y muchas más. La elección y colocación de cada pieza musical es tan poderosa y eficaz que el CD se ha convertido propiamente en un éxito de ventas y también mereció un premio *Visionary Award.* Ayuda a despertar la conciencia del poder del sonido como fuerza transformativa y sanadora.

Holy Harmony, por Jonathan y Sarah Benson. Contiene dos piezas de sonido sagrado nunca antes publicadas en las que se han grabado todos los códigos de la Biblia relacionados con la sanación, mediante diapasones pitagóricos combinados con el cántico de un antiguo nombre de Cristo. Se dice que los nueve diapasones poseen extraordinarias propiedades sanadoras y transformativas. El cántico, con las voces de Jonathan y Sarah Benson, puede utilizarse para proteger, despejar y entrar en resonancia. La combinación de los diapasones con el cántico es magnífica para la relajación, la meditación, la sanación y la transformación.

The Lost Chord. Una travesía sónica por los chakras y el árbol cabalístico de la vida con mantras sagrados, sobretonos y cánticos de las tradiciones hindú, tibetana y hebrea, basada en el uso de frecuencias y proporciones sagradas en las que se emplea la sucesión de Fibonacci. Este CD fue uno de los finalistas para llevarse el premio *Visionary Award* como mejor álbum de sanación y meditación del año en 2000 y es una herramienta sónica increíblemente poderosa para la iniciación.

Medicine Buddha. Esta grabación se creó para las enseñanzas de Su Santidad el Dalai Lama en el norte de California relacionadas con el sutra del "Corazón de la Sabiduría" y la iniciación del "Buda de la Medicina". Contiene cánticos con la voz profunda de Lama Tashi, el maestro de los cantos tibetanos junto con las voces corales de mantras de Jonathan Goldman, cuencos cantores tibetanos, flauta, guitarra y tambores de aborígenes norteamericanos. Es una hermosa grabación.

Reiki Chants. Con solo escuchar este maravilloso álbum coral, basado en una antigua tradición oriental de sanación con el sonido, el oyente sentirá el efecto curativo. Los distintos cánticos llevan codificada la energía de uno de los símbolos del Reiki y contribuyen a mejorar aspectos específicos de esa energía para un mayor bienestar físico, emocional, mental y espiritual. Este disco galardonado con el premio *Visionary Award* es magnífico para sanación, meditación y relajación, y contiene voces corales masculinas y femeninas, acompañadas por arpa, tambura, koto, violín y suaves teclados.

Sacred Gateways. Esta poderosa grabación de cánticos sagrados acompañados por toques de tambor contiene la interpretación de Jonathan y de maestros del cántico de distintas tradiciones: de los aborígenes norteamericanos, hindú, maya, tibetana y hebrea. Incluye "Om Mani Padme Hum", "Hey Yungua" y "Om Namah Shivaya". Es magnífica para moverse, bailar y realizar ceremonias.

Trance Tara. Un cántico de una hora para invocar a Tara, la diosa tibetana de la compasión y la protección. Contiene voces corales masculinas y femeninas, cantos tibetanos de sobretonos, cuencos cantores y campanillas, además de poderosos toques de tambores tribales. Esta grabación se ha incluido en películas y se puede utilizar para el yoga, el masaje, el baile y la actividad tántrica.

2012: Ascension Harmonics. Fue concebida para ayudar a despertar a los oyentes mediante la potenciación de los estados alterados de conciencia y un mayor nivel de captación. Este CD, con cantos de sobretonos, cuencos tibetanos y campanillas, crea ondas de sonidos sanadores para ayudar en la activación de las vibraciones y los cambios de frecuencia. Ganó el premio *Visionary Award* de 2009 al mejor álbum de sanación y meditación. Sus sonidos sagrados, multidimensionales y armónicos son excelentes para potenciar estados profundos de meditación y para facilitar viajes y rituales chamánicos y el proceso de ascensión.

2013: Ecstatic Sonics. Esta grabación contiene dieciocho pistas de mantras, cánticos y sonido sagrados para crear energías sónicas relajantes y vibratorias que tienen el efecto de sanar y transformar. También fue la primera vez que se utilizaron frecuencias específicas para codificar los estados emocionales de la alegría y el éxtasis. Sus efectos sónicos multidimensionales permiten producir estados alterados de conciencia, activar un mayor nivel de captación y mejorar la activación vibratoria, los cambios de frecuencia, los rituales y la relajación.

Waves of Light. Incluye más de setenta minutos de composiciones musicales ambientales con encantadoras melodías creadas mediante las poderosas frecuencias de diapasones Holy Harmony™. Estos tonos que parecen venir de otro mundo rodearán al oyente con un entorno sónico ambiental relajante y reconfortante, de profunda paz y tranquilidad, que tendrán el efecto de sanarlo y transformarlo. Es magnífico para la relajación y la meditación y es una excelente forma de mejorar el sueño.

Música de otros

Debido a la cantidad de música disponible, resulta difícil enumerar todas las obras que utilizamos para la potenciación de la conciencia. Aunque las utilicemos, puede suceder que olvidemos ocasionalmente algún disco específico. Tenemos grabaciones preferidas que utilizamos durante un tiempo para luego cambiarlas, pero al final siempre terminamos escuchando nuestros favoritos de antaño. Todos los CD que aquí se enumeran son excelentes. Hemos verificado que todavía estén en circulación y sean fáciles de obtener.

Ambient Music for Sleep, por el Dr. Jeffrey Thompson. Los suaves tonos atmosféricos de sintetizador promueven las ondas cerebrales delta, lo que facilita la transición de la vigilia a niveles de sueño más profundos. Jeff es un gran innovador en el campo de la psicoacústica, la ciencia que estudia el efecto de la música en el sistema nervioso. Esta grabación contiene una reconfortante música ambiental concebida para mejorar el sueño.

Ambient 1: Music for Airports, por Brian Eno. Música de sintetizador que parece como salida de un sueño. Brian Eno utiliza algunas notas sencillas con ciclos variables organizados para crear una música profundamente relajante, magnífica para la meditación. Produce una agradable atmósfera de coloración sónica, que es más para sentirla que para oírla. Esta grabación ha sido una influencia importante para muchos músicos.

Angels of the Deep, por Raphael. Raphael y su esposa, Kutira, enseñan el "Tantra Oceánico" en Hawaii. Este bello álbum personifica esa energía. Es una combinación de sonidos celestiales de sintetizador con arpa, guitarra y flauta, acompañada de ruidos de ballenas y sonidos del mar. Se trata de una grabación maravillosamente sensual y relajante, magnífica para todo tipo de actividad tántrica.

Autumn Harmonizing Concert, por Fabien Maman y sus amigos. Grabación en vivo de un concierto acústico realizado en la Conferencia de Sanación con el Sonido, celebrada en 2006 en Santa Fe, Nuevo México. Fabien, uno de los pioneros en el campo de la sanación mediante el sonido, junto con más de dieciséis músicos, ha creado una singular grabación en la que se utilizan modalidades concebidas específicamente para la temporada otoñal.

Cave of Whispers, por John Beaulieu. Incluye muchos mantras de las *bijas* concebidos por el Dr. John Beaulieu, que pueden utilizarse de muchas formas singulares y creativas. El oyente puede simplemente relajarse, elegir uno de los mantras, cerrar los ojos y meditar. Entre otros usos de esta grabación figuran las meditaciones con los mantras de las *bijas* para mejorar el sueño, reducir el dolor y acelerar la sanación.

Chakra Healing Chants, por Sophia. En este CD, la experta en sanación musical Sophia lleva a los oyentes a una travesía por los chakras en una corriente de sonidos sagrados. Sus serenos tonos vocales sirven de marco a antiguos cánticos que tienen la facultad de calmar y purificar los centros de energía del cuerpo. Cuenta con el acompañamiento de varios músicos destacados. Este CD, concebido para activar y sanar los chakras, es excelente para el yoga, el tantra, la meditación y la creación de un espacio sagrado.

Chakra Suite, por Steven Halpern. Steven es uno de los pioneros de la música de sanación. Este CD es uno de los más novedosos y respetados, y ha influido en toda una generación de músicos. Contiene música ambiental de teclado con pulso muy lento, que tiene el profundo efecto de calmar y relajar. Es un clásico en su campo.

ChoKuRei, por Weave. El autor es un talentoso músico e inventor de sonidos que ha creado maravillosos efectos sónicos en este álbum. A partir de la conciencia del sonido y la geometría sagrada, Weave ha convertido este símbolo del Reiki en un CD de paz y calma que es magnífico para los masajes y la sanación. Se trata de una música ambiental lenta y muy relajante.

11:11 Piano Meditations for Awakening, por Richard Shulman. Esta serie de apacibles y bellas improvisaciones con el piano lleva al oyente a una travesía profunda y sagrada que explora la unicidad de todas las formas de vida. Richard es un intérprete musical auténtico capaz de llegar a la esencia de nuestro ser. Es una música suave y relajante, que no por eso deja de suscitar profundas experiencias espirituales.

Essence, por Don Campbell. Más conocido por sus grabaciones de Mozart, Campbell es también un maravilloso compositor y creador de música ambiental. Esta colección contiene tres piezas musicales profundamente relajantes y reconfortantes que llevan al oyente a lo más profundo de su ser para lograr tranquilidad y paz interior. Estas composiciones para todos los tiempos, creadas con sintetizador y poderosos efectos de eco, tienen la virtud de aumentar la relajación y la sanación.

The Essence, por Deva Premal. El poder de sanación de los antiguos mantras en sánscrito ha entrado en la conciencia musical occidental gracias a la bella y trascendente interpretación vocal de Deva Premal y su compañero, el músico Mitan. Esta grabación es relajante y apacible. El mantra Gayatri, uno de los más antiguos que conoce la humanidad, es el elemento central de este CD verdaderamente meditativo, ideal para el yoga, la labor de sanación y la meditación.

Flow Goes the Universe, por Laraaji. Un álbum de agradable música atmosférica, interpretado por Laraaji, con cantos, cítara, mbira, teclados y percusión. Laraaji es un maestro de la música ambiental y, con esta grabación, ha creado panoramas sónicos relucientes, como si vinieran de otro mundo, que son sumamente eficaces para la relajación y la meditación.

Flutes of Interior Time, por Sarah Benson. Escuche con admiración y reverencia la bella interpretación de la flauta sagrada de plata de Sarah Benson, la "Madre Divina" de la sanación sonora. Este CD se compone de dos largas piezas creadas para la meditación profunda, la relajación y la sanación. Esta música apacible, serena y muy reconfortante lo transportará a los templos de las antiguas escuelas del misterio, donde se utilizaban las energías transformativas y sanadoras del sonido para equilibrar el cuerpo, la mente y el espíritu.

Hearing Solar Winds, por David Hykes y el Coro Armónico. Una música hermosa y de cualidades transformativas, con espléndidas voces corales que crean armónicos vocales. Hykes y su coro crean, mutuamente, acordes basados en sus propios armónicos y acordes sintonizados con diapasones pitagóricos. El resultado es una hipnótica nube sonora.

The Light Beyond, por Jeff Pearce. Un hermoso muestrario de música ambiental de guitarra, adecuada para la relajación y la meditación. Este CD fue grabado en vivo y es completamente improvisado. La obra musical fue creada en tiempo real por un solo hombre (con una guitarra y algunos dispositivos electrónicos) y resalta por su contenido, su profundidad y su riqueza sónica.

Lightship, por Tom Kenyon. Es una poderosa herramientas psicoacústica para explorar los estados interiores y otros reinos de la conciencia. Es la recreación que ha hecho Tom Kenyon de los sonidos que escuchó al experimentar intensas fuerzas interdimensionales. Todos los patrones de sonidos vocales crean vibraciones acústicas poderosas y pulsantes. El propósito del CD es llevarnos al contacto directo con los extraordinarios mundos que hay en nuestro interior.

Mystic Love, por Bruce BecVar y Lani Star. Este hermoso álbum es una colaboración entre el guitarrista Bruce BecVar y la vocalista y flautista Lani Lalita Star. Es una grabación encantadora, llena de suntuosas melodías vocales e instrumentales. Los músicos de apoyo son luminarias sónicas que han contribuido a esta genial ola de deleite sonora.

Rain of Blessing, por Lama Gyurme y Jean-Philippe Rykiel. El lama tibetano Gyurme, junto con el compositor francés Jean-Philippe Rykiel, ha creado un álbum de encuentro entre Oriente y Occidente, con resultados encantadores. Al combinar el simple cántico del monje tibetano con un sintetizador de campanillas estilo Nueva Era se crea una atmósfera agradable y espiritual, que ayuda al oyente a personificar la compasión.

Shakti: Tantric Embrace, por Russill Paul. Valiéndose de los principios del Shabda Yoga y el Nada Yoga para guiar las energías positivas por todo el cuerpo, Russill se concentra en los poderes de sanación y restablecimiento del equilibrio que tiene el sonido. Para activar los chakras, utiliza la percusión india, la flauta, el sarangui y la tanpura junto con cánticos tántricos, e invoca las energías de Shakti para conectar el cuerpo y la tierra. Este CD es perfecto para profundizar en la práctica del yoga e inspirar el movimiento y la meditación.

Spirit Come, por Christian Bollman. Los cantos de sobretonos por solistas y en grupo por el Coro de Sobretonos de Dusseldorf, con instrumentos como el monocordio, los cuencos tibetanos y la trompa, crean una travesía de hermosa textura hacia el sonido sagrado. Estas exuberantes voces corales personifican los aspectos del sonido sagrado que realmente tiene la capacidad de transformar.

Tao of Healing, por Dean Evenson con Li Xiangting. Dean es un magnífico flautista meditativo y Li Xiangting es un maestro del guqin, un antiguo tipo de cítara de siete cuerdas de China. Juntos crean una grabación lenta y apacible. Los instrumentos de apoyo incluyen teclados, guitarra acústica y percusión. Esta hermosa grabación ayuda a crear una sensación de paz.

Thinking of You, por Kitaro. Kitaro conoce realmente el poder transformador del sonido. Su bella música es a veces serena, a veces majestuosa y edificante. Todos sus álbumes están entre nuestros favoritos y los recomendamos encarecidamente.

Tibetan Master Chants, por Lama Tashi. Los doce mantras tibetanos más conocidos que figuran en este excepcional álbum se grabaron con la sagrada y profunda voz de uno de los principales maestros de cánticos tibetanos. Este CD nominado a un premio Grammy fue creado como una herramienta con tres objetivos: producir un gran placer al oyente, crear espacio sagrado y cambios vibratorios, y ayudar a los oyentes a aprender los mantras tibetanos sagrados. Una extraordinaria grabación que ocupará un lugar destacado en cualquier colección personal de música sagrada.

Water, por Alex Theory. Un hermoso y relajante CD de música ambiental interpretada con diapasones, tubos sonoros, campanas chinas, muestreadores (*samplers*) y sintetizadores. Alex es un visionario del sonido que aprovecha su amplia formación en psicología, medicina integrativa y producción de música psicoacústica para innovar con nuevos estilos. Este álbum es excelente para la autohipnosis y para calmar la mente.

ACERCA DE LOS
AUTORES

Jonathan Goldman posee una maestria en arte y es un escritor, músico y maestro de renombre internacional. Es una autoridad en materia de sanación con el sonido y uno de los pioneros en el campo de los armónicos. Jonathan ha escrito *Sonidos sanadores, Shifting Frequencies* [Frecuencias cambiantes], *Los siete secretos de los sonidos sanadores* y *The Divine Name* [El nombre divino]. Ha estudiado con maestros del sonido procedentes de las tradiciones científica y espiritual, y ha incorporado esos conocimientos y esa energía en sus enseñanzas y su música con fines de sanación. Sus grabaciones galardonadas incluyen: *Chakra Chants, The Lost Chord, The Divine Name* (con Gregg Braden), y *2012: Ascension Harmonics*. Es el director de la Asociación de Sanadores con Sonido en Boulder, Colorado, y Director Ejecutivo de Spirit Music. En 2011 fue nombrado en la revista *Watkin's Review* como una de las "100 personas vivas más influyentes del planeta en el plano espiritual". Jonathan imparte lecciones y conferencias en cualquier lugar del mundo.

ANDI GOLDMAN es psicoterapeuta certificada y se especializa en asesoramiento holístico y terapia del sonido. Posee una maestría en Psicología Clinica de la Escuela de Posgrado de Boulder, y es codirectora de la Asociación de Sanadores con Sonido y directora de los Seminarios sobre Sonidos Sanadores. También ha creado *Tele-Counsel,* el primer servicio de psicoterapia por telefono de Estados Unidos que ofrece específicamente asesoramiento estructurado para clientes confinados al hogar. Ha sido educadora en escuelas internacionales en Japón, Alemania e Indonesia y ha vivido y viajado a muchas partes del mundo. Andi es intérprete musical, autora, maestra, sanadora con sonidos y esposa y compañera de Jonathan Goldman.

Los autores han dedicado sus vidas a contribuir al despertar de otros seres humanos y a enseñarles cómo utilizar el sonido con fines de sanación y transformación. Jonathan y Andi viven con su hijo en Boulder, Colorado, y es posible contactarlos a través del sitio web www. healingsounds.com, la dirección electrónica info@healingsounds. com, el teléfono (303) 443-8181, o la dirección postal P.O. Box 2240, Boulder, CO 80306.

ÍNDICE ALFABÉTICO

Los números de páginas en *cursiva* se refieren a las ilustraciones.